essentials

Essentials liefern aktuelles Wissen in konzentrierter Form. Die Essenz dessen, worauf es als „State-of-the-Art" in der gegenwärtigen Fachdiskussion oder in der Praxis ankommt. Essentials informieren schnell, unkompliziert und verständlich.

- als Einführung in ein aktuelles Thema aus Ihrem Fachgebiet
- als Einstieg in ein für Sie noch unbekanntes Themenfeld
- als Einblick, um zum Thema mitreden zu können.

Die Bücher in elektronischer und gedruckter Form bringen das Expertenwissen von Springer-Fachautoren kompakt zur Darstellung. Sie sind besonders für die Nutzung als eBook auf Tablet-PCs, eBook-Readern und Smartphones geeignet.

Essentials: Wissensbausteine aus Wirtschaft und Gesellschaft, Medizin, Psychologie und Gesundheitsberufen, Technik und Naturwissenschaften. Von renommierten Autoren der Verlagsmarken Springer Gabler, Springer VS, Springer Medizin, Springer Spektrum, Springer Vieweg und Springer Psychologie.

Umar Choudhry

Der Cyber-Versicherungsmarkt in Deutschland

Eine Einführung

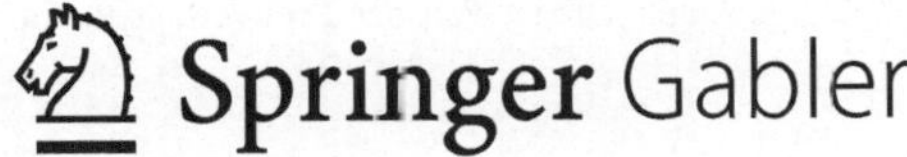

Umar Choudhry
Bad Homburg v.d.H.
Deutschland

ISSN 2197-6708
ISBN 978-3-658-07097-7
DOI 10.1007/978-3-658-07098-4

ISSN 2197-6716 (electronic)
ISBN 978-3-658-07098-4 (eBook)

Die Deutsche Nationalbibliothek verzeichnet diese Publikation in der Deutschen Nationalbibliografie; detaillierte bibliografische Daten sind im Internet über http://dnb.d-nb.de abrufbar.

Springer Gabler

Gedruckt auf säurefreiem und chlorfrei gebleichtem Papier

Springer Gabler ist eine Marke von Springer DE. Springer DE ist Teil der Fachverlagsgruppe Springer Science+Business Media
www.springer-gabler.de

Was Sie in diesem Essential finden können

- Sie erfahren, welche Versicherer in Deutschland Cyber-Policen anbieten, wie die Policen aufgebaut sind, weshalb die Anbieter im Risikotransfer des Cyber-Marktes aktiv sind und welche versicherten Gefahren die Policen abdecken.
- Sie erhalten einen Einblick, was aus Sicht des Vertriebs für Versicherungsvermittler und Makler wichtig ist, wie Versicherer und Makler den Vertrieb beurteilen und welche Chancen sie im Absatz erkennen.
- Sie sehen, durch welche Bedrohungen die IT-Risikolandkarte geprägt ist, wie hoch sich der finanzielle Schaden durch Cybercrime beläuft, was es mit dem Hell- und Dunkelfeld auf sich hat und wie gefährdet der Mittelstand als lukrativ angesehene Zielgruppe der Cyber-Policen ist.
- Sie begeben sich auf die Reise in den Grenzbereich der Versicherbarkeit und lesen, welcher Kritik Cyber-Policen ausgesetzt sind und wie Versicherer und Makler hierauf reagieren.
- Schließlich bekommen Sie eine Übersicht, welche Trends die Akteure im Cyber-Versicherungsmarkt in Deutschland sehen. Hier geht es um die Frage, wie Versicherer und Makler die Zukunft der Cyber-Versicherung beurteilen und welches Marktpotenzial sie für die Assekuranz in Deutschland sehen.

Vorwort

Dieses Dossier ist anlässlich des „Cyber Forum 2014“ entstanden, welches vom Versicherer ACE European Group Limited, Direktion für Deutschland veranstaltet wurde. Der Versicherer hatte mich als freien Journalisten gebeten, den Teilnehmern von neutraler Warte aus einen Überblick über den Markt der Cyber-Versicherungen in Deutschland zu geben. Dieser Bitte bin ich sehr gerne nachgekommen, da ich in meiner journalistischen Arbeit bereits mehrere Artikel zu Datenschutz-Themen und zum Verhältnis der deutschen Versicherungswirtschaft zu Cyber-Risiken geschrieben hatte.

Ursprünglich sollte ich im Vortrag einen kurzen Einblick in den Cyber-Versicherungsmarkt geben.

Dass nun in der Kürze der Zeit die vorliegende Dokumentation entstanden ist, habe ich den zahlreichen Verantwortlichen in den Versicherungs- und Maklerunternehmen zu verdanken, die meine vielen und kritischen Fragen fristgerecht beantworteten. Es sei an dieser Stelle allerdings auch angemerkt, dass es „Verweigerer“ gab, die sich aus „geschäftspolitischen“ und anderen nicht näher benannten Gründen nicht zum Thema Cyber-Versicherungen äußern wollten. Einzelne Artikel, in denen ich in der Vergangenheit über Cyber-Risiken geschrieben hatte, finden sich in diesem Essential in überarbeiteter Form wieder. Dieses Dossier soll Ihnen als Leser und Multiplikator grundlegende Antworten geben: über die aktuelle Marktlage und Trends, über die Risikolandkarte und Deckungsbausteine, über die Kritik an Cyber-Policen und die Antworten der Akteure hierauf. Danken möchte ich dem Verein Neue Deutsche Medienmacher aus Berlin sowie Herrn Philipp Krohn von der Wirtschaftsredaktion der *Frankfurter Allgemeine Zeitung*. Sie beide haben mich auf meinem Weg in den Journalismus tatkräftig unterstützt.

Bad Homburg v.d.H., im August 2014 — Umar Choudhry

Inhaltsverzeichnis

1 Einleitung: Drei neue Anbieter binnen eines Jahres 1

2 Der Markt der Cyber-Versicherungen in Deutschland 5
2.1 Vertrieb: Keine Gießkannen-Beratung 6
2.2 Die sieben größten IT-Risiken 9
2.3 Kumulgefahren rückversichern 11
2.4 Schäden gehen in die Millionen 12
2.5 Höchstes Dunkelfeld bei Cybercrime 13
2.6 Gezielte Angriffe auf den Mittelstand 15
2.7 Eigen- und Fremdschäden: Struktur der Cyber-Policen 17
2.8 Datenschutz: Die Verantwortung der Geschäftsleitung 19
2.9 Kritik aus der Branche: Intransparenz, Ausschlüsse und Prämien 20
2.10 Lage und Kritik der versicherungsnehmenden Wirtschaft 22

3 Ausblick: Wie sieht die Zukunft von Cyber-Versicherungen aus? ... 27
3.1 Makler und Versicherer: Brancheninterne Positionierung 31

4 Versicherer mit einem Produkt gegen Cyber-Risiken 33

5 Wenn Versicherer zur Zielscheibe von Cyberattacken werden 35
5.1 Branche betreibt eigenes Cyber-Abwehrzentrum 36
5.2 Täter sind auf Kundendaten aus 36

Was Sie aus diesem Essential mitnehmen können 39

Literatur 41

1 Einleitung: Drei neue Anbieter binnen eines Jahres

> Der Cyber-Versicherungsmarkt in Deutschland entwickelt sich dynamisch. Nachdem 2013 drei große Versicherer neue Cyber-Policen vorstellten, platzierten auch 2014 weitere Anbieter Cyber-Produkte. Der Markt ist von großen angloamerikanischen Industrie-Versicherern geprägt.

Mit der weltweiten Vernetzung der Informationstechnologie stehen Unternehmen vor neuen Risiken: gestohlene Kundenpasswörter oder E-Mail-Adressen können für Unternehmen teuer werden. Die Zeiten, in denen die Assekuranz auf diesem Gebiet eine Deckungslücke offenbaren musste, sind indes vorbei. Die Versicherer können inzwischen die Risiken von Datenverlust, Spionage und Cyber-Attacken zeichnen. Konkret lassen sich etwa zwölf Versicherer finden, die ein spezielles Produkt gegen Cyber-Risiken anbieten. Im internationalen Vergleich braucht sich der deutsche Markt bei dieser äußerst gering erscheinenden Anzahl aber nicht zu verstecken; obwohl die Kritik aus der Wirtschaft nicht gänzlich verstummt ist, keinen oder nur sehr schwer einen adäquaten Versicherungsschutz zu bekommen.

Mit den USA, dort sind über 30 Versicherer am Markt, kann Deutschland nicht mithalten. In Großbritannien bieten etwa 15 Versicherer spezielle Cyber-Policen an (Zeitschrift Versicherungswirtschaft 02/2013). Die Namen von vier Versicherern mit Cyber-Policen im Bestand beginnen übrigens mit dem Buchstaben A. Nämlich,

- *ACE European Group Limited, Direktion für Deutschland (ACE),*
- *AIG Europe Limited, Direktion für Deutschland (AIG),*

U. Choudhry, *Der Cyber-Versicherungsmarkt in Deutschland,* essentials,
DOI 10.1007/978-3-658-07098-4_1

- *Allianz Global Corporate & Specialty AGCS (Allianz)* und
- *AXA Konzern Aktiengesellschaft (Axa).*

Weitere Akteure auf dem Feld sind:

- *Chubb Insurance Company of Europe SE, Direktion für Deutschland, (Chubb Insurance),*
- *CNA Insurance Company Limited, Direktion für Deutschland (CNA),*
- *HDI-Gerling Industrie Versicherung AG (HDI),*
- *Hiscox Insurance Company Ltd., Niederlassung für Deutschland (Hiscox),*
- *Kiln Europe S.A. (Kiln Group),*
- *Württembergische Versicherung AG*
- *XL Insurance Company Plc, Direktion für Deutschland (XL) sowie die*
- *Zurich Insurance Plc, Niederlassung für Deutschland (Zurich).*

Vergangenes Jahr, 2013, hat sich auf den Markt der Cyber-Versicherungen sehr viel getan. Am 10. Juli stellte die Allianz ihre Offerte namens „*Cyber Protect*" vor. Nur einen Tag später gab die Zurich Gruppe Deutschland mit ihren Marktstart im Cyber-Segment mit der Police „*Cyber & Data Protection*" bekannt. Und einen Monat später, also im August 2013, zog schließlich die HDI-Gerling Industrie Versicherung AG mit ihrem Angebot „*Cyber+*" nach. Warum gerade zu diesem Zeitpunkt? „Die Nachfrage war eindeutig da, denn jedes Unternehmen kann heutzutage von Hacker-Angriffen und Datenvorfällen betroffen sein und Schäden gehen schnell in die Millionenhöhe", begründet Jens Krickhahn, Practice Leader Cyber & Fidelity, Financial Lines, von Allianz Global Corporate & Speciality (AGCS). „Seit dem Launch haben wir viele Kunden und Makler getroffen. Das Produkt stößt überall auf großes Interesse", freut sich Krickhahn.

Ein Blick auf die vorangehende Anbieterliste zeigt, dass sich diesen Markt mehrheitlich große Industrie-Versicherer teilen, die allesamt international aufgestellt sind. Es gibt keinen Versicherer, der ausschließlich in Deutschland aktiv ist und eine spezielle Cyber-Police anbietet. Ein Grund hierfür ist sicherlich, dass der Ursprung der Cyber-Versicherungen in den USA liegt. Über die Vereinigten Staaten und Großbritannien fanden die Policen nach und nach hier in Deutschland ihre Verbreitung. Die großen Konzerngesellschaften, deren deutsche Niederlassungen Cyber-Policen hierzulande anbieten, haben somit aus ihrer internationalen Erfahrung profitiert. „Die CNA hat bereits durch die Muttergesellschaft in den USA eine lange Tradition in der Bereitstellung der Speziallösung für Cyberrisiken. Diese Expertise bündeln wir weltweit in der Sparte ‚Technology', die sich ausschließlich mit IT und Cyber-Versicherungen beschäftigt", sagt beispielhaft Malte Dittmann,

Hauptbevollmächtigter Deutschland von CNA Insurance Company Limited. „Aus den USA wissen wir auch, welche Branchen welchen Exponierungen unterliegen", so Dittmann. „Wir als Spezialversicherer wollen diese Expertise weltweit nutzen und haben deshalb das Produkt auf allen lokalen Märkten platziert, darunter auch Deutschland".

Eine andere Auffälligkeit betrifft die Namen der Policen: Die Namensbestandteile Data, Protect und Cyber kommen in vielen Produkten vor. Ohne jetzt einen Versicherer unter Plagiatsverdacht zu stellen, hält sich die Kreativität der Underwriter doch in Grenzen, was die Namen der Policen angeht. Allerdings, und das ist dann wiederum ein Vorteil und eine praktische Hilfe: durch die ähnlichen Namen kristallisiert sich ein branchenweiter, unternehmensübergreifender Widererkennungseffekt von Cyber-Versicherungen heraus. Das ist sowohl für die Kunden- als auch für die Vertriebsseite eine Hilfe.

Den Cyber-Reigen 2014 hat offiziell die Württembergische Versicherung AG eingeläutet. Zum 21. Juli startete sie ein eigenständiges Cyber-Produkt. Als Zielgruppe peilt der Versicherer die als lukrativ geltenden kleinen und mittelständischen Unternehmen an. Als Grund, sich mit einer eigenständigen Cyber-Versicherung zu positionieren, gibt die Württembergische die rasante Entwicklung der vergangenen Jahre in der Informations- und Kommunikationstechnik an. Weltweite, immer dichter werdende Vernetzung sowie neue elektronische Kommunikationsformen beherrschten den beruflichen und privaten Alltag. Eine der Kehrseiten sei, dass immer mehr Kriminelle sich per Internet Zugang zu den Netzwerken von Unternehmen verschafften, vertrauliche Daten stählten, den Betriebsablauf störten oder gar lahmlegten.

Besonders gefährdet sieht der Versicherer Unternehmen, die personenbezogene Daten verwalten, und Unternehmen, die über das Internet mit Kunden oder Lieferanten vernetzt sind. „Die Bedrohung durch wachsende Internetkriminalität sowie regulatorische Anforderungen zum Datenschutz ergeben ein Risikopotenzial für Unternehmen, das sich im Einzelfall sogar als existenzbedrohend erweisen kann", so der Versicherer. „Als Dienstleister helfen wir im Schadenfall schnell und unbürokratisch, zum Beispiel durch die Einrichtung einer speziellen Hotline und den Einsatz qualifizierter IT-Techniker", wird Dr. Wolfgang Breuer, Vorstandsmitglied der Württembergischen Versicherung AG in der Pressemitteilung zitiert. Weitere Versicherer bereiten sich ebenfalls auf einen Marktstart vor (hierzu mehr im Kapitel „Ausblick: Wie sieht die Zukunft der Cyber-Versicherungen aus?").

2 Der Markt der Cyber-Versicherungen in Deutschland

> Immer mehr deutsche Versicherer wagen sich mit Cyber-Versicherungen auf den Markt. Die modular aufgebauten Policen versprechen Hilfe bei einem Angriff auf die Informationstechnik. Versicherungsvermittler und Makler zeigen sich indes zurückhaltend beim Vertrieb der Cyber-Risiken. Welche Gefahren deckt die neue Sparte konkret ab? Wo liegen die Grenzen der Versicherbarkeit? Und was ist beim Vertrieb der Policen zu beachten?

Was zeichnet eine Cyber-Versicherung überhaupt aus? Was ist das Neue an diesen Policen? Und welche Inhalte verbergen sich konkret in den Policen der Versicherer? Eine einheitliche Definition, die wissenschaftlich und branchenübergreifend akzeptiert und verifiziert ist, gibt es nicht. Das liegt allein daran, dass es sich bei dieser Sparte um ein recht junges Betätigungsfeld handelt. Allein die Bezeichnung der entsprechenden Policen kann variieren. Neben dem Schlagwort „Cyber-Versicherung" können gleichfalls weitere Synonyme verwendet werden. So kann ebenso gut von einer Hacker-Versicherung, oder besser einer Anti-Hacker-Versicherung, gesprochen werden. Weitere alternative Bezeichnungen können zum Beispiel sein: Datenschutz-Versicherung, Elektronik-Versicherung, IT-Versicherung, Web-Versicherung, Online-Schutz-Versicherung, Multimedia-Versicherung, Cyberspace-Versicherung, Cybercrime-Versicherung, usw.

Das Bundeskriminalamt (BKA) hat in seinem *Bundeslagebild 2012* unter dem Stichwort „Cybercrime" strafrechtlich relevante Delikte zusammengefasst. Zu diesen zählen unter anderem der Computerbetrug, die Datenfälschung, die Computersabotage, das Ausspähen von Daten, das Abfangen von Daten einschließlich deren

U. Choudhry, *Der Cyber-Versicherungsmarkt in Deutschland,* essentials,
DOI 10.1007/978-3-658-07098-4_2

Vorbereitungshandlungen. Eine Antwort auf die Frage, was das Wesen einer Cyber-Versicherung im Kern ausmacht, erhält man deshalb sehr gut, wenn man sich die versicherten Risiken, die diese Policen versprechen abzusichern, anschaut. Und der Versicherungs- respektive Deckungsumfang ist natürlich auch ein Spiegel der Risiken, die unter anderem das BKA in seinen jährlichen Lagebildern analysiert.

So leisten Cyber-Versicherungen klassischerweise bei einer Beschädigung von Daten, einem Diebstahl von Daten oder einer unerlaubten Veröffentlichung von Daten. Die Policen helfen bei der Datenwiederherstellung, bei einer Betriebsunterbrechung, bei der Krisenkommunikation, der Benachrichtigung von Kunden, Dienstleistern und weiteren Betroffenen. Zum Leistungsumfang der Policen gehört ebenso die Kostenerstattung bei der Ursachensuche, also Kosten für IT-forensische Untersuchungen für Software-Spezialisten. Zum Deckungsumfang zählen auch aus Datenrechtsverletzungen resultierende Haftpflichtansprüche, Kosten für Rechtsstreitigkeiten oder Hilfe bzw. Schadenersatz bei einem Fehlverhalten von Mitarbeitern oder bei einer Verletzung von Betriebsgeheimnissen. Die Leistungen reichen bis zur Erstattung der Kosten bei einer Cyber-Erpressung. Auch der Cloud-Ausfall kann inzwischen bei einigen Anbietern versichert werden. So ziemlich alle in einem Schadenfall entstehenden Kosten können versichert werden: Belohnungen für die Ergreifung der Täter, Vertragsstrafen, Bußgelder oder auch der Reputationsverlust. „Unter den Internet-Risiken nimmt die Betriebsunterbrechung eine zentrale Stellung für Unternehmen ein", schildert ein Versicherer, weshalb auch diese Gefahr in den Bausteinen vertreten ist.

2.1 Vertrieb: Keine Gießkannen-Beratung

Die Liste der versicherbaren Gefahren ließe sich noch um einige weitere Deckungsmöglichkeiten ergänzen. Die beispielhafte Auflistung zeigt jedoch: der Katalog an aktuell, heute schon zu versicherbaren Schäden und Kosten umfasst ein recht breites Spektrum. Eine Herausforderung im Vertrieb besteht deshalb darin, gemeinsam mit den Kunden jene passgenauen, individuellen Bausteine herauszunehmen und aufeinander abgestimmt zusammenzustellen, die der Kunde tatsächlich für seinen Betrieb benötigt. Hierzu bedarf es vorab einer risikotechnischen Analyse der IT-Sicherheit. Es gibt in diesem Bereich nämlich keine pauschale Gießkannen-Lösung. Die Versicherer bieten allesamt ihrem Vertrieb im gesamten Prozess aktive Hilfestellung an. Die Vermittler sollten sich nicht scheuen, diese Hilfen aktiv in Anspruch zu nehmen. Die Risikoanalyse startet meist mit einem Fragenkatalog, mit einer Selbstauskunft des Kunden.

Anhand der Antworten kann bereits eine erste Bewertung vorgenommen werden, wie es um die IT-Sicherheit steht und welchen Risiken das Unternehmen ausgesetzt ist. Hier hilft auch die Frage, was das Unternehmen im Kern ausmacht. An welcher Stelle ist es am verwundbarsten? Der Vertrieb sollte den Mehrwert dieser Beratungsleistung unterstreichen. Der Kunde bekommt im Idealfall nämlich einen Überblick über seinen aktuellen Schutz. Mit der Analyse des Status quo kann der Kunde zunächst Lücken in seiner IT zum Beispiel durch den Einsatz neuer Software minimieren. Wissensdefizite der Mitarbeiter können durch gezielte Weiterbildung angegangen werden. Oder durch Änderungen innerbetrieblicher Strukturen wird der Gefahr eines IT-Angriffs vorgebeugt. Das verbleibende Restrisiko, die Kronjuwelen, kann der Kunde dann in eine Cyber-Police stecken. Einer der Gründe nämlich, weshalb die Mehrzahl der Unternehmen immer noch ohne IT-Versicherungsschutz dasteht ist der Vertrieb.

Die Versicherungsvertriebe und die Makler scheuen, wie es in einer Studie der Beratungsgesellschaft Steria Mummert Consulting heißt, den „aufwendigen und haftungsträchtigen Verkauf einzelner Gewerbeprodukte" (*Branchenkompass 2013 Versicherungen*). Diese Studie von Oktober 2013 zeigt, dass viele unternehmerische Risiken unentdeckt bleiben, schlicht weil Vermittler im Kundengespräch nicht danach fragen. Hierzu zählen vor allem Cyber-Risk-Versicherungen, die heute kaum angeboten würden. „Null-Risiko gibt es nicht, das ist den meisten IT-Entscheidern klar. Die Bedrohungen nehmen zu und die Angriffe werden aggressiver und erfolgreicher", kommentiert Gerald Spiegel, Leiter Information Security Solutions bei Steria Mummert Consulting, die Studienergebnisse.

„Neben der notwendigen Vorhaltung und Beachtung der Security-Policy ist es daher heute wichtiger denn je, risikoorientiert zu handeln". Dazu gehöre, sich rechtzeitig gegen Cyber-Angriffe zu versichern und so die möglichen negativen Folgen eines Betriebsausfalls zu minimieren. „Viele Unternehmen sind gegenüber einer solchen Bedrohung kaum abgesichert", ergänzt Lars Matzen, Versicherungsexperte von Steria Mummert. Häufig sei dies die Folge einer unvollständigen Beratung. Eine massive Unterbrechung des Geschäftsbetriebs werde dann für den Gewerbetreibenden schnell zur wirtschaftlichen Überlebensfrage. „Mit einer schrittweisen Verbesserung der Beratungsqualität ist aus unserer Sicht deutlich mehr Geschäft mit Gewerbekunden möglich", ist Matzen überzeugt. Versicherer und ihre Vertriebspartner sollten deshalb eine Gruppe von Vermittlern auswählen und sie intensiv in den Gewerbethemen und Produkten schulen, empfiehlt der Berater. Mit Hilfe moderner Softwaretools könnten Gewerbeberater nahezu jedes Risiko aufdecken, das in dem Betrieb vorhanden sei und so ihren Kunden passende Versicherungsleistungen anbieten.

„Eine moderne Beratungssoftware unterstützt den Vermittler mit einem Katalog mit mehr als 1.000 möglichen Fragen. Eine solche Software unterstützt den Beratungsprozess zielgerichtet, indem nur die relevanten Fragen zum Einsatz kommen und so Expertenwissen eingebracht wird", so Matzen. „Die Mitglieder sind weitgehend informiert, dass es diese neue Versicherungsform gibt“, hakt der *Verband Deutscher Versicherungs-Makler e. V. (VDVM)* ein. Die überwiegende Anzahl der Mitglieder spreche das Thema bei den Kunden auch an. „Das Marktpotential wird erkannt“, so der VDVM. Allerdings seien die Kunden selber überwiegend noch nicht über das Thema Cyber-Versicherungen informiert, würden aber durch die ständige Medienberichterstattung in zunehmenden Umfang über das Risiko als solches sensibilisiert. In geringem Umfang sprächen die Kunden inzwischen sogar die Makler von sich aus an, so die Erfahrung beim VDVM.

„Unsere Erfahrung hat gezeigt, dass die Risiken im Umgang mit Daten sehr individuell sind“, ergänzt die Allianz. Daher sollte man auf die Kunden unvoreingenommen zugehen, nicht gleich mit einer fertigen Lösung, rät der Versicherer. Cyber-Risiken seien nämlich vielfältig und jede Branche habe ihre Besonderheiten, an die man die Versicherungslösungen anpassen müsse. So hätten produzierende Unternehmen in der Regel einen größeren Versicherungsbedarf im Bereich der Betriebsunterbrechung. Sollte der Kunde jedoch mehr mit Daten Dritter arbeiten, wie zum Beispiel Krankenversicherer, Kaufhäuser, Hotels, sollte bei der Risikobetrachtung der Fokus stärker auf den Umgang mit den personenbezogenen Daten gelegt werden. Da die Analyse des jeweiligen Risikos komplex sei, stünden „erfahrene Underwriter und Risikoexperten“ für Gespräche beim Kunden zur Verfügung. „Es ist nämlich nicht nur eine Versicherungspolice – der Mehrwert durch Assistance-Dienstleistungen ist ebenfalls ein wichtiger Bestandteil des Gesamtkonzeptes“, so die Allianz.

„Für die Makler gilt eigentlich das Gleiche wie für die Versicherer“, fasst Marcel Braun zusammen, Head of Professional Lines für Deutschland, Österreich und Osteuropa bei der XL Group. Man müsse vorab sorgfältig analysieren, über welche bestehenden Policen der Kunde vielleicht schon (teilweise) abgesichert sei, und wo es Deckungslücken gebe. Dann müsse man den Kunden fragen, ob er bereit ist, diese verbleibenden Risiken selbst zu tragen oder lieber doch mit einer vollwertigen Cyber-Versicherung abzudecken. „Ganz wichtig in diesem Zusammenhang ist aber auch die Frage, wie ich Risiken vorbeugen kann“, so Braun. Denn der beste Schutz sei immer dann gegeben, wenn der Schadenfall erst gar nicht eintrete oder eintreten könne. Hier könnten am besten regelmäßig durchgeführte Penetrationstests helfen, die Schwachstellen im IT-System der Kunden aufdecken, um sie dann ganz gezielt zu schließen. „Als Makler sollte man also auch darauf achten, dass der Versicherer ein Servicepaket mitliefern kann und nicht nur eine Geldersatz-Lösung parat hat“, rät denn auch Braun.

Nach wie vor werde das Verständnis über den Umfang der Deckung, die Risikoermittlung und der Mehrwert oft nicht richtig verstanden, bilanziert CNA-Manager Dittmann. Hierin sieht er einen Grund für das noch zögerliche Kaufverhalten seitens der Kunden. „Aber auch die Unkenntnis und Unsicherheit vieler Makler hindert uns als Versicherer daran, dass Produkt beim Kunden richtig zu platzieren", sagt Dittmann selbstkritisch. Die Makler müssten sich strategisch überlegen, wie sie das Thema beim Kunden platzieren, ohne die IT-Abteilung direkt zu involvieren. „Wir stellen fest, dass dies oft nicht zielführend ist, weil die IT Abteilung sich unter permanentem Rechtfertigungszwang sieht – zu Unrecht!", sagt Dittmann. Die erfolgreichen Abschlüsse gingen auf ein Zusammenspiel zwischen kaufmännischer Leitung und IT unter der Einsicht nur limitiert machbarer, technischer Sicherheit zurück. „Auch geben wir den Maklern immer den Hinweis, sich auf Branchen und Kunden zu konzentrieren, bei denen sie sich gut auskennen und eine gute Beziehung haben. Nur dann hat der Makler auch die innere Sicherheit ein Thema anzusprechen, in dem er sich unsicherer fühlt, als in klassischen Versicherungssparten", so Dittmann. Er ergänzt: „Wir als CNA können vorbereitend für diese Termine eine branchenspezifische Präsentation mit Schadenbeispielen, Deckungsschwerpunkten und auch erste Preisindikationen erstellen und dem Makler zur Verfügung stellen oder den Makler bei den Kundenterminen begleiten". Weiter habe CNA eine Kooperation mit einem IT-Unternehmen, welches sich auf das Entdecken von ungewöhnlichen Netzaktivitäten in Unternehmen spezialisiert habe. Diese Technik setze erst nach Firewall und Antivirusschutz an. „Kritische Kunden können wir diese Technik für 30 Tage kostenlos zur Verfügung stellen, so dass wir danach aufzeigen können, was im Unternehmen bereits nach den klassischen Schutzmechanismen passiert. In der Regel geht es in der Kundendiskussion dann nicht mehr um das ‚ob' der Cyber-Versicherung, sondern um das ‚wie'", schildert Dittmann.

2.2 Die sieben größten IT-Risiken

Doch selbst Fachleute für Cyber-Sicherheit sind sich nicht darüber im Klaren, wie sich der Ausfall einzelner Unternehmen oder Technologien zu einem systemweiten Risiko ausweiten könnte. Das geht aus einer Untersuchung des Versicherers Zurich hervor. Die Abhängigkeit von der Informationstechnologie habe ein komplexes Netz aus eng miteinander verbundenen Risiken geschaffen, so der Versicherer. Das Internet sei das komplexeste System, das die Menschheit jemals entworfen habe, so Zurich-Risikomanager Axel Lehmann. Über die letzten Jahrzehnte habe sich das Internet zwar als unglaublich widerstandsfähig erwiesen. Doch das Risiko liege darin, dass die „Komplexität, die den Cyberspace relativ risikolos gemacht hat, sich als Bumerang erweisen kann und sehr wahrscheinlich wird", lautet denn die Einschätzung von Chief Risk Officer Lehmann. Der *„Zurich Cyber Risk Report"* listet sieben miteinander verbundene Risiken auf (Tab. 2.1).

Tab. 2.1 Die Cyber-Schocks der Zukunft. (Quelle: Zurich Insurance Group Ltd)

Risiko	Beschreibung	Beispiele
Interner IT-Betrieb	Risiken eines Unternehmens im Zusammenhang mit dem kumulierten Zusammenspiel der (hauptsächlich internen) IT	Hardware; Software; Server und damit verbundene Personen und Prozesse
Kontrahenten und Partner	Risiko durch die Abhängigkeit von oder direkte enge (normalerweise nicht vertraglichen) Verbindungen mit einem externen Unternehmen	Universitäre Forschungspartnerschaften; Beziehungen zwischen konkurrierenden/kooperierenden Banken; Joint-Venture-Unternehmen; Branchenverbände
Outsourcing und Vertragsdienstleistungen	Risiko, normalerweise aus einem Vertragsverhältnis mit externen Dienstleistern, z. B. aus den Bereichen Personalwesen, Recht oder IT sowie Cloud-Providern	IT und Cloud-Provider; Personalwesen, Recht, Buchhaltung und Beratung; Auftragsfertigung
Supply Chain	Sowohl Supply Chain-Risiken für die IT-Branche als auch Cyber-Risiken für traditionelle Supply Chains und Logistik	Engagement in einem einzigen Land; gefälschte oder manipulierte Produkte; Risiko der Unterbrechung von Supply Chains
Umwälzende Technologien	Risiken aus unsichtbaren Auswirkungen von Störungen durch oder an neuen Technologien, die entweder bereits bestehen aber wenig verstanden werden oder bald erscheinen	Internet der Dinge; Smart Grid; eingebaute mechanische Geräte; selbstfahrende Autos; die weitgehend automatische digitale Wirtschaft
Vorgelagerte Infrastruktur	Risiken aus der Störung von Infrastruktur, auf die Wirtschaften und Gesellschaften angewiesen sind, insbesondere Elektrizität, Finanzsysteme und Telekommunikation	Internetinfrastruktur wie Internetknotenpunkte und Unterwasserkabel, bestimmte Schlüsselunternehmen und zum Betrieb des Internets verwendete Protokolle (BGP und Domain Name System); Internet Governance
Externe Schocks	Risiken aus Vorfällen ausserhalb des Systems, jenseits der Kontrolle der meisten Unternehmen und mit der Wahrscheinlichkeit einer Ausweitung	Ernste internationale Konflikte; Malware-Pandemie

2.3 Kumulgefahren rückversichern

„Für Unternehmen ist es selbstverständlich, dass sie ihre Fabrikgebäude gegen Feuer und andere Gefahren versichern. An das Firmennetzwerk denken jedoch nur wenige“, so Johannes Behrends vom internationalen Versicherungsmakler *Aon Risk Solutions (Aon)*. So fordert Thomas Blunck, Mitglied des Vorstands beim *Rückversicherer Munich Re*, dass eine „adäquate Versicherung gegen Datenschutzverletzungen… ein Standardelement der Gewerbeversicherung“ sein sollte. „Denn jedes Unternehmen kann in diesem Kontext Umsatzeinbußen oder einen Imageverlust erleiden“, so Blunck. Blunck verweist auf ein Ergebnis eines britischen Marktforschungsunternehmens, nach dessen Angaben „in Europa bislang nur fünf Prozent der Unternehmen gegen Cyber-Risiken versichert sind“. Hingegen betrage der Anteil bei großen US-Unternehmen 30 %, die mit einer Cyber-Risiko-Deckung ausgestattet seien. Vorstandsmitglied Blunck, der u. a. für den Bereich Special and Financial Risks zuständig ist, sieht dennoch eine gestiegene Sensibilität für Angriffe aus dem Netz.

„Die Nachfrage nach Versicherungslösungen, die auf diesen neuen Risikosituationen und deren Kumule eingehen, steigt kontinuierlich“, sagt er. Für Aon-Manager Behrends beginnt das Handeln dabei mit der Erkenntnis bei Unternehmen, wenn sie nicht mehr glaubten, ihre Netzwerke seien so sicher, dass man sie nie durchbrechen könne. Der Fokus sollte laut Behrends auf „risikomindernde Datenschutzmaßnahmen“ und in der Prävention liegen. Denn „wenn personenbezogene Daten verloren gehen, muss das Unternehmen berechtigte Ansprüche Dritter, zum Beispiel wegen Verletzung ihrer Persönlichkeitsrechte, befriedigen“. Laut Behrends belaufen sich die durchschnittlichen organisatorischen Kosten eines Datenverlusts für ein deutsches Unternehmen auf 3,4 Mio. €.

Im Bereich der Cyber-Risiken und deren Deckungsmöglichkeiten bietet die Munich Re eigenen Angaben zufolge die „meiste Kapazität an und ist auch in der Lage, Kumulgefahren wie Schäden durch Würmer und Viren rückzuversichern“, heißt es selbstlobend in der hauseigenen Publikation „*Cyber-Risiken – Herausforderungen, Strategien und Lösungen für Versicherer*“. Andreas Schleyer, Underwriter bei Munich Re im Bereich Special and Financial Risks, erläutert darin die Möglichkeiten, welche Risiken durch eine spezielle Police abgedeckt werden können – und welche nicht. Nicht versicherbar ist der „Ausfall des Internets als Kriegs- und Terrorszenario“, sagt Schleyer. „Denn der Ausfall des Internets lässt sich im Gegensatz zum Computervirus und Würmern nicht modellieren“. Und Schleyer erinnert daran: „Hundertprozentige Sicherheit gibt es nicht und es bleibt immer ein Restrisiko. Gerade bei Risiken mit niedriger Frequenz, aber hoher Intensität“.

2.4 Schäden gehen in die Millionen

So summiert sich denn in deutschen Großunternehmen der finanzielle Schaden durch Cybercrime im Durchschnitt auf 4,8 Mio. €. Nur in den USA waren die Kosten im Tatort Internet mit 6,9 Mio. € noch höher. Auf Rang drei kommt Japan mit 3,9 Mio. €. Dies geht aus der dritten Studie „Cost of Cyber Crime" des amerikanischen IT-Unternehmens *Hewlett-Packard (HP)* hervor. Im Auftrag von HP befragte das *Ponemon Institute* insgesamt 418 Fach- und Führungskräfte aus 43 deutschen Unternehmen und Behörden (Ponemon, L, 2012, *3rd Annual Cost of Cyber Crime Study*). Deutsche Unternehmen wurden in der dritten Studie dabei zum ersten Mal berücksichtigt. Laut der Studie schaffen es die Täter pro Woche im Durchschnitt 1,1 Mal mit Erfolg ihre virtuellen Angriffe durchzuführen (USA 1,8 Mal pro Woche). Während für Deutschland in der dritten Auflage der Studie noch keine Vergleichswerte vorlagen, da hiesige Unternehmen erstmals in der Untersuchung aufgenommen wurden, lässt sich für die USA eine Verdoppelung der Web-Angriffe feststellen.

Damit stiegen auch die Kosten auf circa 40 %, die Datendiebe und Hacker verursacht haben. Besorgniserregend: die kriminelle Energie von „Insidern" sorgt für die höchsten Schäden, gefolgt von Sabotage, sogenannten Denial-of-Service-Attacken, sowie von Schadprogrammen (Malware). Diese drei Kriminalitätsformen machen in deutschen Unternehmen insgesamt 58 % des Schadens aus. Mit 51 % ergibt sich ein Übergewicht der untersuchten Unternehmen aus der Finanzwirtschaft, den Behörden sowie der Dienstleistungs- und IT-Branche. In die Studie aufgenommen wurden Unternehmen und Behörden zwischen 1.044 und 95.419 PC-Arbeitsplätzen. Die finanziellen Kosten, die HP ermittelt hat, entstehen in deutschen Unternehmen hauptsächlich durch Datenverluste (40 %) und deren Folgen (28 %). Weitere Kostenfaktoren entfallen der Studie zufolge auf die Prävention (33 %) und die Entfernung des angerichteten Schadens (23 %). Während die Beseitigung der von Insidern hervorgerufenen Schäden durchschnittlich 42 Tage in Anspruch nimmt, vergehen bei den restlichen „externen" Schäden 22 Tage. In dieser Zeitspanne entstehen durchschnittliche Kosten in Höhe von 294.829 Euro, heißt es in der Studie.

Dass die Sicherheitsbehörden tatsächlich auch hierzulande immer stärker mit solchen Schadendimensionen konfrontiert werden, wurde beim Besuch des Bundesinnenministers Thomas de Maizière Ende März 2014 im BKA klar. Im Gespräch mit BKA-Präsident Jörg Ziercke wurde deutlich, dass neben der Organisierten Kriminalität und dem Terrorismus auch die Cyber-Kriminalität die Sicherheitslage in Deutschland prägt. Die zunehmende Nutzung moderner Kommunikationsmittel wie das Internet entgrenze kriminalgeografische Räume und damit die Reichweite der Bedrohung und der Betroffenen, so das BKA. Sie stellten die Polizei vor immer neue Herausforderungen wie den Umgang mit elektronischen Massendaten und Kryptografie oder die Sicherung von Daten in virtuellen „Clouds". „Die Methoden der Bekämpfung in der analogen Welt können nicht auf die virtuelle Welt übertragen werden", sagte Ziercke. Mit der immer weiterreichenden Verbreitung moderner Informationstechniken in alle Bereiche des täglichen Lebens steigt nach Angabe der Polizeibehörde das Risiko ihrer Nutzer, Opfer krimineller Machenschaften zu werden.

Das Spektrum der Bedrohung reicht dem BKA zufolge vom Angriff auf Computersysteme, der Verbreitung von Schadsoftware und Trojanern und der digitalen Erpressung bis hin zu Angriffen auf kritische Infrastrukturen und Cyber-Spionage. Einigkeit beim Treffen bestand mit Minister de Maizière darüber, dass das sogenannte „Deepweb" – jener Teil des Internets, der nicht über normale Suchmaschinen auffindbar ist und die Anonymität der Nutzer durch Verschleierung der Verbindungsdaten wahrt – nicht zu einem strafverfolgungsfreien Raum werden dürfe. Denn solche Online-Plattformen seien Umschlagplätze für Drogen, Waffen, entwendete Kreditkartendaten und illegale Dienstleistungen, etwa das Ausspähen von Daten oder die Auftragstötung. Dieser Entwicklung könne die Polizei alleine nicht begegnen.

Kriminellen Netzwerken müssten nicht nur gut ausgebildete Ermittler, sondern auch Informationsnetzwerke und Allianzen mit externen Partnern entgegengestellt werden. „Nur wenn wir fachlich, technisch und rechtlich mit den Entwicklungen unserer Zeit Schritt halten können, wird es uns möglich sein, Cybercrime wirkungsvoll zu bekämpfen", sagte Ziercke. Dabei müsse der Spagat zwischen Freiheit und Sicherheit gelingen. Denn ein Klima der Angst und des Misstrauens gegenüber den Strafverfolgungsbehörden und dem staatlichen Umgang mit Daten würde zu einem Vertrauensverlust führen. Ziercke: „Ohne das Vertrauen unserer Bürgerinnen und Bürger aber kann die Polizei nicht erfolgreich sein".

2.5 Höchstes Dunkelfeld bei Cybercrime

In Deutschland werden offizielle Zahlen zur Internetkriminalität bundesweit in der sogenannten Polizeilichen Kriminalstatistik (PKS) erfasst. In diesem Datenwerk finden jedoch nur solche Straftaten Eingang, die durch Anzeigen von Betroffenen oder Ermittlungen der Polizei bekannt werden. Das ist das sogenannte „Hellfeld" der Kriminalität. Das Dunkelfeld dagegen bleibt naturgemäß weitgehend unbekannt. Um dennoch eine Vorstellung vom Ausmaß und die Entwicklung der nicht angezeigten Straftaten zu bekommen, hat das Landeskriminalamt Niedersachsen eine *Befragung zum Dunkelfeld der Kriminalität* durchgeführt. Erste Ergebnisse dieser Untersuchung stellte der niedersächsische Innenminister Boris Pistorius vor.

Für die Dunkelfeldstudie wurden 40.000 Personen ab 16 Jahre, die in Niedersachsen ihren Hauptwohnsitz haben, angeschrieben. Sie wurden gebeten, Fragen zu ihren Erfahrungen mit Kriminalität im Jahr 2012 zu beantworten. Außerdem wurde nach ihrer Furcht, Opfer zu werden, ihrem Verhalten zum Schutz vor Straftaten, ihrer Wahrnehmung der Polizei und einigen personenbezogenen Daten wie Alter und Geschlecht gefragt. Der Fragebogen bestand aus insgesamt 20 Seiten mit 50 Fragen, so Uwe Kolmey, Präsident des niedersächsischen Landeskriminalamtes.

Der Studie zufolge beträgt der Betrug mittels Internet etwa das Vierfache der bekannten Fälle. Das Dunkelfeld bei Phishing betrage das Zehnfache und bei Datenverlusten und finanziellen Einbußen durch Viren und Trojanern sogar mehr als das Zwanzigfache des der Polizei bekannt gewordenen Fallvolumens. Von allen erfragten Deliktsbereichen der Dunkelfeldstudie weist dem Bericht zufolge der Bereich Cybercrime das größte Dunkelfeld auf. Das Internet sei für sehr viele Menschen inzwischen eine Art zweites Zuhause geworden, mit sozialen Kontakten und natürlich einem riesigen Marktplatz, so Innenminister Pistorius. Die Ergebnisse der Dunkelfeldstudie belegten, dass alle sehr genau darauf achten müssten, wie persönliche Daten im Netz zu schützen seien.

„Natürlich heißt das auch, dass die Bekämpfung der Cybercrime weiter intensiviert werden muss“, so der Politiker. Nach Angaben des niedersächsischen Innenministeriums hätten von den 40.000 angeschriebenen Personen 18.940 an der Befragung teilgenommen. Das entspricht einer Rücklaufquote von 47 %. Damit lägen in Niedersachsen für das Jahr 2012 erstmals in der Bundesrepublik Deutschland verlässliche Dunkelfelddaten auf der Basis einer umfassenden, repräsentativen Bevölkerungsbefragung vor. Außerdem betonte Pistorius, dass außer den Menschen vor allem Unternehmen und auch Verwaltungen ihre Inhalte in besonderer Weise vor Spionage oder Sabotage schützen müssten. Mit Blick auf den Wirtschaftsstandort gelte das Sicherheitsinteresse gleichzeitig den bedeutsamen Klein- und Mittelständischen Unternehmen (KMU) und der öffentlichen Verwaltung. Ein Ziel der Kampagne sei auch, insbesondere diese bezüglich der hohen Anforderungen an ihre IT-Sicherheit zu sensibilisieren.

Der *Landesverband Niedersachsen des Bundes Deutscher Kriminalbeamter (BDK)* sieht in der Dunkelfeldstudie einen „mutigen Schritt in die richtige Richtung“. Schon seit Jahren fordert der BDK eine Abkehr von der PKS als alleiniges Instrumentarium zur Erklärung „polizeilicher Erfolge“. Die PKS spiegele kaum die Realität des Kriminalitätsgeschehens wider, sei zum Teil unlogisch und widersprüchlich und erzeuge immer wieder „Begehrlichkeiten für Manipulation und Verzerrung“ der tatsächlichen Kriminalitätsentwicklung. Es wäre, so die Forderung des BDK, politisch sehr mutig, neben der Dunkelfeldforschung auch dazu überzugehen, eine Opferstatistik einzuführen. Damit wäre dann zwar das künftige Kriminalitätslagebild voraussichtlich in einigen Deliktsbereichen vollkommen ernüchternd und alarmierend. Es bestünde dann nach Ansicht des BDK aber die Möglichkeit, wirklich an die gegenwärtigen und zukünftigen Kriminalitätsphänomene versiert heranzugehen und geschlossene Bekämpfungsstrategien anzudenken.

2.6 Gezielte Angriffe auf den Mittelstand

Ernüchterung oder Alarmismus? Von einem Jahr der „Mega-Hacks" spricht ganz offen die amerikanische Softwarefirma Symantec in ihrem *Sicherheitsbericht 2013*. In der Geschichte von Datenverlusten, so der Anti-Viren-Hersteller, sei 2013 das „bisher schlimmste Jahr" gewesen. Besonders mittelständische Unternehmen mit einer Größe von 251 bis 500 Mitarbeitern sowie Firmen ab 2.500 Mitarbeitern stünden im Fokus von gezielten Angriffen. Kleine bis mittelständische Unternehmen sind Symantec zufolge nach wie vor ein beliebtes Ziel, da sie oft weniger ausgefeilte Sicherheitssysteme zum Schutz des Netzwerks einsetzten und oftmals als Dienstleister und Zulieferer für größere Unternehmen fungierten. In ihrem Bericht weist die Firma auch auf ein „verändertes Vorgehen der Cyberkriminellen" hin. „Obwohl die Komplexität der Attacken deutlich zugenommen hat, ist es überraschend, dass Cyberkriminelle geduldiger geworden zu sein scheinen und erst dann zuschlagen, wenn das Ziel größer und aussichtsreicher ist", schildert Candid Wüst, Sicherheitsexperte bei Symantec, die neuen Erkenntnisse.

Trotz der IT-Gefahren gehen die meisten Geschäfts- und IT-Entscheider in großen europäischen Unternehmen davon aus, dass die Einhaltung einer Sicherheits-Richtlinie bereits ausreicht, um sich vor Cyber-Risiken zu schützen, lautet ein Ergebnis einer europaweiten Steria Mummert-Studie. Dieses Grundvertrauen ist gefährlich und führt dazu, dass sich die meisten Unternehmen in Europa nicht gegen IT-Risiken versichern. Zu diesem Ergebnis kommt die gemeinsame Untersuchung zum Thema Cyber-Security, die die Beratungsgesellschaften Steria Mummert und Pierre Audoin Consultants (PAC) durchgeführt haben („*Are European companies equipped to fight off cyber security attacks?*"). Befragt wurden 270 Entscheider in mittelständischen Unternehmen und Konzernen in verschiedenen Branchen. Im Mittelpunkt standen hierbei Lösungsstrategien und -modelle, mit denen die Unternehmen aktuell und in den kommenden drei Jahren auf IT-Gefahren reagieren. Die Studie betrachtet auch 72 deutsche Unternehmen. Nur die wenigsten Unternehmen (15 %) haben eine Versicherung gegen Cyber-Risiken abgeschlossen, heißt es in der Untersuchung. Bei den großen Unternehmen seien dies aber immerhin schon 30 %. Dennoch sei das Gros der Unternehmen nicht ausreichend gegen Hacker & Co. versichert. Dies könne ein Unternehmen teuer zu stehen kommen.Falle zum Beispiel ein für den Geschäftsbetrieb zwingend notwendiges IT-System oder auch nur eine geschäftskritische Anwendung aus, stehe der Gewerbebetrieb im schlimmsten Fall still.

Auch der britische Spezialversicherer Hiscox sieht den Mittelstand auf die Bedrohungen von Cyber-Angriffen kaum vorbereitet. Denn 22 % der deutschen Mittelständler verfügten über keinerlei Backup-System. Knapp ein Drittel halte Datenverluste zwar für ein bedeutendes Risiko, sei aber nicht dagegen versichert und alarmierende 94 % besäßen keine Versicherung gegen Datenverlust. Zu diesen Resultaten kam der Versicherer in seinem „*Hiscox eDNA Report 2013*" zur Sicherheitslage im deutschen Mittelstand. „Die Zahl der Cyber Angriffe und von Datenverlusten erklimmt neue Höchststände, allerdings fehlt noch immer ein adäquates Risikobewusstsein bei den Unternehmen", so Stefan Sievers, Underwriting Manager bei Hiscox. Dabei ließen sich Datenrisiken gerade auch für den deutschen Mittelstand nicht nur umfassend absichern, sondern auch gleich von vornherein vermeiden.

Das Resultat der Steria Mummert-Studie kann als Beobachter insofern überraschen, als das der Markt der Cyber-Versicherungen mit etwa zwölf Versicherern recht überschaubar ist. Hinzu kommt, dass einzelne Risiken, die sich in Cyber-Policen wiederfinden, tatsächlich bereits in vorhandenen Policen des Kunden oft schon existieren. Zum Beispiel in einer Betriebsunterbrechungs-Police, einer Rechtsschutz-, Haftpflicht-, Vertrauensschaden-Haftpflicht-Versicherung oder auch in einer Managerhaftpflicht (Directors-and-Officers-Versicherung). „Die Cyber-Versicherung hat ihre Wurzeln in den Sparten Haftpflicht und Technische Versicherungen", sagt Dr. Sven Erichsen, Geschäftsführer der Erichsen GmbH. Erichsen hat sich mit seinem Unternehmen als Spezialmakler für Cyber-Risiken ausgerichtet. „In meiner über 20-jährigen Berufslaufbahn ist mir noch keine Innovation mit einem derartigen Potential begegnet. Als passionierter Risikomanager für meine Kunden finde ich mit der Cyber-Versicherung eine Versicherungslösung, die die sich verändernde Risikolandschaft abbildet und den Kunden bei Risikoerfassung und Schadenhandling umfassend unterstützt", so Erichsen. Ein Versicherer begründet seine Erfahrung genau in diesen Bereichen mit der Platzierung einer Cyber-Versicherung.

„Wir haben unsere Kunden bereits seit mehr als 15 Jahren im IT-Bereich spezialisierte Betriebs- und Vermögensschadenhaftpflicht-Produkte angeboten. Deshalb gehören wir auch zu den Versicherern, die bereits frühzeitig mit einer Cyber-Police auf den Markt gegangen sind", so der Versicherer. Und ein anderer Versicherer erklärt: „Unsere neue Cyber-Versicherung kombiniert Bausteine aus der Sach-, Haftpflicht- und Vermögensschaden-Versicherung und bietet so einen umfassenden Schutz gegen die wachsenden Gefahren aus dem Netz. Unser Ziel war es, ein transparentes Versicherungsprodukt zu entwickeln, das unkompliziert abzuschließen ist und sich an die jeweiligen Bedürfnisse eines Unternehmens anpassen lässt".

2.7 Eigen- und Fremdschäden: Struktur der Cyber-Policen

Das heißt, dass Unternehmen, ohne das diese es vielleicht wissen und ohne das es der Vermittler weiß, bereits in irgendeiner Art und Weise in ihren bestehenden Policen auf Schutz bei einer Cyber-Attacke zurückgreifen können. Der umgekehrte und gefährlichere Fall ist, dass der Kunde sich mit einer „herkömmlichen" Police in Sicherheit wiegt, in Wahrheit aber eine Deckungslücke bei IT-Risiken besteht. Man kann die klassischen Versicherungen mit einer „Ausschnittlösung" oder mit einem „ausschnittsweisen" Versicherungsumfang umschreiben, wenn ein Kunde keine Cyber-Police in seinem Bestand hat. Denn das Neue an den Cyber-Policen ist ja gerade die Lösung, mehrere neue verstreut liegende Risiken in einer speziellen Police zusammenzufassen. Zum einen war man sich den realen Gefahren der Online-Attacken lange Zeit nicht bewusst. Die Attacken waren ein Randphänomen. In der Vergangenheit gab es gleichzeitig schlicht die Möglichkeit nicht, solche Cyber-Risiken vernünftig abzusichern.

Der Kunde muss sich also bei einer Cyber-Versicherung im Schadenfall nicht mit mehreren Versicherungen beschäftigen. Charakteristisch für Cyber-Policen ist ihr „Multiline-Police"-Charakter, der sowohl Eigen- als auch Drittschäden abdeckt. Viel wichtiger ist aber die Frage, ob die bisherigen Ausschnittlösungen überhaupt im Schadenfall leisten. Bei einer Betriebsunterbrechungs-Versicherung muss in der Regel ein physischer Sachschaden vorliegen, zum Beispiel ein Brand, eine Explosion, ein Blitzschlag oder Hochwasser. Bei einem Online-Angriff auf die Software der Industrieanlage ist die Voraussetzung eines klassischen Sachschadens also nicht erfüllt. Bei der Betriebshaftpflicht wiederum muss zum Beispiel der Versicherungsnehmer einen Schaden verursacht haben, es muss ihn also ein konkretes Verschulden treffen.

Außerdem deckt die Betriebshaftpflicht nur Schäden Dritter ab, also keine Eigenschäden. Das heißt, dass in den klassischen Spartenversicherungen immer gewisse Voraussetzungen und Obliegenheiten erfüllt sein müssen, bei denen es fraglich ist, ob sie bei einem Angriff auf die IT erfüllt sind. Zu berücksichtigen sind gleichfalls die in den Einzelversicherungen bestehenden Ausschlüsse sowie die unterschiedlichen Definitionen der Eintrittspflicht. „In klassischen Sach- und Haftpflichtversicherungen werden Cyber-Risiken in der Regel nicht bzw. nur teilweise gedeckt", ist in einer Studie der Prognos AG zu lesen („*Die Bedeutung der Versicherungswirtschaft für den Wirtschaftsstandort Deutschland, Auswirkungen auf die ökonomische Aktivität einer modernen Gesellschaft*").

Freilich muss bei der Kundenanalyse, also beim Vertrieb, geschaut werden, ob vielleicht doch „nur" eine Erweiterung der bestehenden Betriebsunterbrechungs-Police um einen Cyber-Baustein ausreichend ist. So teilt die Schunk Group, ein großer internationaler Industrie-Versicherungsmakler, mit, dass zum Beispiel die

Haftung bei IT-Unternehmen in der Regel bereits über die Betriebs- und Vermögensschadenhaftpflicht-Versicherung weitgehend aufgefangen wird. Ein produzierendes Unternehmen verfügt, so der Makler, nicht über eine entsprechende Vermögensschaden-Deckung. Und die Zurich weist darauf hin, dass Makler „stets" darauf achten sollten, dass „umfassender Versicherungsschutz" geboten wird. „Beispielsweise bieten IT-Deckungen lediglich Versicherungsschutz gegen Schäden, die direkt durch IT- und Telekommunikationsdienstleister verursacht werden", so der Versicherer. Und eine Vertrauensschaden-Versicherung schütze gegen Eigen- und Drittschäden, die durch vorsätzliche, kriminelle Handlungen der Angestellten des eigenen Unternehmens entstehen.

„Eine Cyber-Police bietet hier weiteren Deckungsschutz. Darauf müssen Makler achten" teilt die Zurich mit. „Je nach Geschäftsmodell und IT-Anwendungen ist das Angriffsrisiko höher oder niedriger", sagt Joachim Albers, der bei der AGCS die spartenübergreifende Entwicklung der Cyber-Versicherung koordiniert hat. Derzeit überlegten die Kunden noch, ob sie eine separate Cyber-Deckung für Eigenschäden einkauften oder ob sie sich nur gegen Ansprüche Dritter absichern wollen, stellt Marcel Braun von der XL Group fest. „Der Markt ist in einer Findungsphase", sagt er. Eine Eigenart der Cyber-Policen ist deshalb der modulare Aufbau der Policen. Je nach Bedarf des Kunden können die zu versichernden Risiken bausteinartig zusammengestellt werden. Dieser spartenübergreifende Gedanke findet sich in nahezu allen Cyber-Versicherungen wider. Anhand des modulartigen Aufbaus der Policen wird deutlich, wie eine Cyber-Versicherung strukturell konzipiert ist.

Grundsätzlich kann in allen Cyber-Versicherungen unterschieden werden zwischen den Eigenschäden und den Fremd- bzw. Drittschäden. Branchenintern wird auch die Abgrenzung zwischen materiellen und immateriellen Schäden vorgenommen. Bei den Eigenschäden wird das Unternehmen selbst zum Opfer eines Angriffs und erleidet dadurch einen Schaden. Die bisherigen Versicherungslösungen waren oft nicht ausreichend bei der Absicherung von Risiken, die mit der Speicherung und Verarbeitung von Daten verbunden sind, sagt Braun. „Zumeist wurden die Themen in den Haftpflichtpolicen integriert, was Eigenschäden nicht miteinschloss", so Braun und ergänzt: „Gedeckt waren also nur Fälle, in denen Kunden die Daten bzw. Rechtsgüter von Dritten verletzten (‚Data Liability' bzw. ‚Cyber Liability')". Inzwischen habe sich herausgestellt, dass die Kunden einen viel stärkeren Bedarf im Falle von Eigenschäden hätten. Insbesondere wenn es um Hacker-Attacken gehe, die womöglich noch zur Betriebsunterbrechung führten. „Für solche Risiken braucht man eine eigenständige Deckung, mit eigener Versicherungssumme und der Möglichkeit, präventiv wie im Krisenfall Sicherheits-Experten zu Rate zu ziehen", empfiehlt Braun.

2.8 Datenschutz: Die Verantwortung der Geschäftsleitung

Aus Sicht des Vertriebs muss also geklärt werden, ob der Kunde ausschließlich eigene unternehmensinterne Software gegen Viren, Würmer und Trojaner absichern möchte bzw. muss, zum Beispiel wenn er einen Internet-Shop betreibt. Möchte sich das Unternehmen vor einer Betriebsunterbrechung schützen, die auf einen Online-Angriff beruht? Oder, und das ist dann der Fremdschaden, sichert sich der Kunde nur oder zusätzlich gegenüber seinen Kunden und Dienstleistern ab, die ihn zum Beispiel bei einem Datenklau haftbar machen können? Zu den Eigenschäden zählt übrigens auch der Bereich der zivil- und strafrechtlichen Ahndung, der sich die Geschäftsleitung im Fall der Falle stellen muss. Selbst dieser gesetzliche Bereich kann inzwischen versichert werden.

In der Politik und Gesellschaft zeichnen sich derzeit zwei Trends ab: nämlich, dass mehr und mehr nach der Verantwortung der Geschäftsleitung, des Vorstands bei einer Datenpanne gefragt wird. Der „Umgang mit Daten" hat sich „rasant verändert", stellt Jens Krickhahn von AGCS fest. Das Datenvolumen sei in den letzten Jahren exponentiell gestiegen und die Digitalisierung habe zu einer immer engeren Vernetzung von Informationstechnologie und Industrieproduktion geführt. „Unsere Kunden sind sich der steigenden IT-Gefahren bewusst und haben ihre Bedürfnisse konkretisiert", schildert Krickhahn. „Von uns erwarten sie ganzheitliche Risikomanagement-Lösungen, die sie gegen die wachsenden Gefahren aus dem Netz schützen", so Krickhahn. Tatsächlich kann bereits unter den jetzigen rechtlichen Bestimmungen die Geschäftsleitung für Fehlverhalten persönlich haftbar gemacht werden. So gewinnt die Regeltreue, Compliance, eine immer wichtigere Rolle. Und: die Politik drängt darauf, dass die Unternehmen ihre Investitionen in ihre IT-Sicherheit erhöhen, ja Mindestanforderungen erfüllen. Hier sei als Stichwort das IT-Sicherheitsgesetz genannt, von dem in dieser Legislaturperiode sicherlich noch zu hören sein wird. Neben der strukturellen Unterscheidung zwischen Eigen- und Fremdschäden kann gleichfalls auch die Lösung benannt werden, die Cyber-Policen anbieten. Ganz klar, der klassische Schadenersatz in finanzieller Form und Assistance-Leistungen. Und diese Hilfe kann im Vertrieb deutlich herausgestellt werden. Die Versicherer haben zum Beispiel ein Netzwerk von spezialisierten Anwälten, PR-Beratern und IT-Forensikern aufgebaut, auf das der Kunde rasch zurückgreifen kann, ohne sich über die Kosten sorgen zu müssen. Sehr transparent zeigt sich hierbei ein Versicherer, der auf seiner Website konkret die Dienstleister auflistet, die im Krisenfall aktiviert werden.

Denn vor dem Hintergrund der steigenden Cyberkriminalität reicht IT-Sicherheit allein nicht aus, so der Versicherer Allianz. Unternehmen benötigten Netzwerksicherheits-Richtlinien und Prozesse, die vom Vorstand unterstützt werden, lautet die Empfehlung. Und die Prozesse müssten korrekt getestet, eingeführt und regelmäßig aktualisiert werden. „Selbst wenn sie über das bestmögliche Risikomanagement verfügen, können sich Unternehmen niemals zu 100 % gegen Störungen in der IT-Infrastruktur, das Versagen von internen Prozessen oder externe Cyberangriffe schützen", sagt Nigel Pearson, Global Head of Fidelity und Cyber bei AGCS. Pearson weist darauf hin, dass Branchenberichten zufolge das Vertrauen nach einem Datenverlust in das betroffene Unternehmen abnehme. „Die Marke und der Ruf des Unternehmens leiden. Das zeigt, dass solche Risiken kumulative Auswirkungen haben können", so Pearson.

2.9 Kritik aus der Branche: Intransparenz, Ausschlüsse und Prämien

Bei aller Mühe und Lob der Versicherer um das Engagement, in einen neuen Geschäftsbereich vorzudringen, ist in Gesprächen mit Vertretern sowohl aus der Reihe der Assekuranz als auch der Maklerschaft einiges an offener Kritik an Cyber-Versicherungen zu hören. So bemängelt ein internationales Maklerhaus die Vielzahl der „inhaltlich wenig transparenten und aufgrund ihrer sehr differenzierten Ausgestaltungen kaum miteinander" vergleichbaren Versicherungslösungen, welche „zeitgleich von mehreren Versicherern auf den Markt gebracht" worden seien. Ein weiterer benannter Tadel betrifft den Versicherungsumfang. Bei einigen Policen würden „wichtige Risikobereiche, die für den Kunden eine besonders große Bedrohung darstellen, wie zum Beispiel Angriffe durch nicht zielgerichtete Viren, oft kategorisch ausgeschlossen". Auch die Prämienkalkulation wird kritisch gesehen. „In unseren Augen", so das Urteil eines Unternehmens, „mangelt es an wirklich plausiblen Lösungen zu fairen Prämien".

„Die Verantwortung von Unternehmensleitern und Managern für IT-Sicherheit wird in der Diskussion über Cyber-Risiken eher ‚stiefmütterlich' behandelt", benennt ein anderer Versicherer als Beispiel. „Die Prämien für Cyber-Versicherungen sind auf dem Markt noch nicht erprobt", konstatiert ein weiterer Akteur. Und: „Für uns als Makler besteht das größte Problem in der höchst unterschiedlichen Ausgestaltung, weshalb es uns kaum möglich ist, unseren Kunden einen Vergleich darzulegen". Kurzum: die Policen seien schlichtweg nicht miteinander vergleichbar. Eine Synopse sei da kaum zielführend, sagt Thomas Pache, Manager Professional Indemnity Financial Lines beim Versicherer AIG. Eher helfe hier die Schadenereignistheorie. „Die Konzepte auf dem deutschen Markt sind derzeit noch recht unterschiedlich, auch was die Selbstbehalte und Prämien angeht", analysiert Braun von der XL Group die aktuelle Lage. Das werde sich mit der Zeit aber einpendeln, ist er optimistisch. Auf der anderen Seite werde es spezielle Risiken geben, etwa bei Banken oder großen Online-Händlern, die nach individuellen Lösungen riefen. „Dazu ist ein intensiver Dialog zwischen den Versicherern, und den Kunden notwendig“, sagt Braun. Die vielfältigen Cyber-Risiken markieren auch die „Grenzen der Versicherbarkeit“. „Mit immer komplexeren Wirtschaftsbeziehungen und neuen technischen Errungenschaften werden moderne Volkswirtschaften verletzlicher“, bilanziert die Studie „Die Bedeutung der Versicherungswirtschaft für den Wirtschaftsstandort Deutschland“. Als „prominentes Beispiel“ für die Verletzlichkeit wird die Gefahr durch Viren, Trojaner oder gezielte Hackerangriffe angeführt, „die erhebliche wirtschaftliche Schäden verursachen können“.

„Diese Cyber-Risiken verändern sich schnell und sind nur schwer einschätzbar“, ist in der Untersuchung der Prognos AG zu lesen, die im Auftrag des Gesamtverbandes der Deutschen Versicherungswirtschaft e. V. (GDV) erstellt wurde. „Hier werden daher auch die Grenzen der Versicherbarkeit deutlich“, so die Studienautoren. Versicherer könnten deshalb nicht alle Risiken versichern. So müsse ein Risiko auch kalkulierbar sein, damit Versicherungsschutz angeboten werden könne. Versicherungen könnten daher immer nur einen von mehreren Bausteinen im betrieblichen Risikomanagement bilden. „Mehr als bisher müssen – gerade im Grenzbereich der Versicherbarkeit – innovative Versicherungsmodelle entwickelt werden“, heißt es in der Prognos-Studie. Nur durch ein Bündel an Maßnahmen – von erweitertem Versicherungsschutz über neue Gesetze und Auflagen bis hin zu umfangreichen Schadenverhütungsmaßnahmen – würden sich die neuen und immer komplexeren Risiken bewältigen lassen. „Cyberangriffe komplett zu verhindern, scheint heute fast unmöglich“, lautet denn ein Studienergebnis. Die Cyber-Kriminalität entwickele sich so schnell, dass sich die Risiken zum Teil den Kriterien der Versicherbarkeit entzögen. Schäden seien zum Beispiel vergleichsweise schlecht kalkulierbar und viele Gefahrenquellen noch überhaupt nicht bekannt. Doch bis ein Schadenfall angezeigt werden kann, müssen Versicherer und Makler den beschwerlichen Pfad des Abschlusses meistern.

„Wir haben dabei festgestellt, dass Cyber-Deckungen beratungsintensiv sind und der interne Abstimmungsprozess in den Unternehmen oft lang ist“, schildert die Allianz ihre Erfahrung. Gerade für große Unternehmen mit komplexen IT-Risiken benötige man eine Anlaufzeit, damit der Kunde seine Risiken einschätzen könne und „wir die passende Versicherungslösung zusammenstellen können“, so der Versicherer. Die Komplexität eines solchen Konzepts fordere natürlich eine besondere Expertise, sowie einen hohen Beratungsaufwand: Underwriter und Vertriebspartner müssten das Konzept genau verstehen, um Kunden den Mehrwert der umfassenden Cyber-Deckung und verschiedenen Servicedienstleistungen erklären zu können“, sagt AGCS-Manager Krickhahn. In Zukunft gelte es, diese Komplexität zu reduzieren. „Eventuell könnte man auch neue Vertriebsmodelle in Deutschland entwickeln“, kann sich Krickhahn vorstellen und nennt Spezialmakler für Cyber-Risiken als Beispiel, die es in manchen Ländern bereits gebe. Man höre gelegentlich, dass die Kapazitäten im Markt bisher zu niedrig wären und die Deckungsangebote lückenhaft.

„Das streiten wir bei AGCS klar ab", sagt Krickhahn entschieden. So biete sein Haus Deckungen bis zu 50 Mio. €. Außerdem würden Unternehmen gegen die gesamte Palette an Cyber-Risiken abgesichert. Und wenn höhere Kapazitäten benötigt würden, könne ein Unternehmen diese über ein Versicherungskonsortium erhalten", nimmt Krickhahn Kritikern den Wind aus den Segeln.

Nach den Worten von CNA-Manager Dittmann seien Cyber-Policen aber „lange von den traditionellen deutschen Versicherern belächelt und als unnötig abgestempelt" worden. Die Entwicklung der vernetzten Welt, die Industrie 4.0 und der Druck auf die deutschen Versicherer durch ausländische Anbieter sorgten für eine Trendwende. Die Produkte selber seien allerdings recht inhomogen und bedürften hohen Sachverstand um wesentliche Unterschiede auszumachen, so Dittmann. Das führe auch dazu, dass bereits bei einigen Anfragen ein Preiskampf entstehe, obwohl die Umfänge der Deckung unterschiedlich seien und somit der Preis nicht in Relation zum Produkt gesetzt werde.

„Unser Schlüssel zum Erfolg", verrät Dittmann, „ist aber, dass wir die Anregungen einzelner Branchen aufnehmen, um den Kunden letztendlich einen branchengerechten Versicherungsschutz zu bieten".

2.10 Lage und Kritik der versicherungsnehmenden Wirtschaft

Die bislang fehlende Praxis, (ob und) wie schlagkräftig sich die Policen in einem Schadenfall bewähren, greift der *DVS Deutscher Versicherungs-Schutzverband e.V.* auf. „Es gibt bis jetzt nach unserer Erfahrung kaum praktische Erfahrungen mit diesen Deckungen, da es sich um ein relativ neues Produkt handelt", sagt DVS-Sprecherin Miriam Metzmacher. Zwar habe es bereits vor Einführung „standardisierter" Produkte Versicherungslösungen gegeben. Hierbei habe es sich aber um „Einzelfalllösungen und dies meist für datensensible Unternehmen" gehandelt. Erfahrungen mit diesen Einzelfalllösungen seien meist nicht bekannt und vermutlich auch nicht repräsentativ, so der die Interessen der versicherungsnehmenden Wirtschaft vertretende Verein aus Bonn. „Die am Markt verfügbaren Produkte setzen zumeist ein Risk-Assessment voraus und bieten danach in abgestuften Bereichen Deckungsschutz für Kosten und Vermögensschäden", sagt Metzmacher. Nach Ansicht des DVS sollte jedes Unternehmen prüfen, wie groß sein Risiko in diesem Bereich ist. Die Unterstützung externer Berater, dies können Versicherer oder Makler sein, könne dabei hilfreich sein. Ob danach das Risiko oder ein Teil des Risikos an einen Versicherer transferiert wird, hänge dann letztendlich auch vom verfügbaren Produkt und dem Preis ab. „Die Produkte, die am Markt verfügbar sind, wirken noch sehr heterogen", beobachtet der DVS. Es sei allerdings eine große Dynamik in der Entwicklung der Bedingungen sichtbar. „Man hat den Eindruck, die Versicherer und Makler lernen aus jedem Gespräch über dieses Thema", so der DVS betont diplomatisch. Wenn es strukturelle Schwächen gebe, dann sei es die Abgrenzung zu bestehenden Deckungen, insbesondere im Vermögensschadenbereich.

Hans-Jürgen Allerdissen indes, der ehemalige Vorstandsvorsitzende des DVS, fand anlässlich der ordentlichen DVS-Mitgliederversammlung am 09.05.2014 deutlichere Worte zu und Kritik an den Deckungskonzepten der Cyber-Risiken. Nach Meinung „vieler Marktteilnehmer" hätten Cyber-Versicherungen „das Zeug", „eine neue Versicherungssparte darzustellen". Nicht zuletzt aufgrund des NSA-Skandals sei Cyber in aller Munde. Inzwischen habe wohl jeder begriffen, dass das World Wide Web, der weltweite online Datenaustausch neben „vielen Vorteilen auch ein paar Risiken" mit sich bringe. „Wir tun uns allerdings immer noch schwer, diese Risiken zu evaluieren", sagte Allerdissen. Zwar gebe es inzwischen eine ganze Reihe von Schadenbeispielen, wie zum Beispiel bei Vodafone oder bei den kürzlich bekannt gewordenen Angriffen auf die „sehr gut geschützten Rechner" des Deutschen Zentrums für Luft- und Raumfahrt. „Aber richtig greifbare Aussagen zu monetären Schäden gibt es wenige", so Allerdissen. Ganz schwierig werde das Thema, wenn das Risiko von produzierenden Unternehmen, Opfer einer Cyber-Attacke zu werden, bemessen werden solle.

„Unstreitig" findet Allerdissen sicherlich, dass es hier Cyber-Angriffe gebe. Industrie-Spionage spiele sich heute eben auch im World Wide Web ab. Für ihn ist es dennoch „schwer greifbar", was und mit welchen Folgen im Netz tatsächlich passiere. Als Grund hierfür gibt er die Scheu der Unternehmen an, zuzugeben, dass sie Opfer einer Cyber-Attacke geworden seien. Zum anderen seien die daraus resultierenden Schäden nur sehr schwer zu messen. Nach seinen Worten zeige gerade das Thema Industrie-Spionage, „wie schwer auch die Versicherbarkeit solcher Risiken anzugehen ist". Wie, fragt er, soll etwa der Schaden bemessen werden, wenn ein neu entwickeltes Produkt praktisch gleichzeitig von einem Konkurrenten auf den Markt gebracht wird und dadurch die erwarteten Gewinne ausfallen oder geringer ausfallen? Fraglich ist für Allerdissen ebenfalls, ob überhaupt nachgewiesen werden kann, dass es sich um Industriespionage handelt. Immerhin sei es ja das Bestreben eines jeden Spions unerkannt zu bleiben. „Das heißt, schon die Feststellung, ob überhaupt ein Schaden vorliegt, ist extrem schwierig", so Allerdissen.

„So sehr es aus unserer Sicht zu begrüßen ist, dass die Versicherungsindustrie hier in den letzten Jahren Versicherungsprodukte auf den Markt gebracht hat, wir glauben, dass es noch einige Zeit dauert, bis sich hier ein richtiger Markt entwickelt", so der ehemalige DVS-Vorstand. Zunächst müssten hier auch auf Seiten der Versicherungsnehmer entsprechende Hausaufgaben erledigt werden, gab Alleridissen selbstkritisch zu. Neben der inzwischen häufig schon weit entwickelten Abwehr von Angriffen, müsse auch verstärkt in die Entdeckung von erfolgten Angriffen investiert werden. Wie immer stehe der „Risiko-Transfer am Ende der Kette und welche Art von Risiken und in welcher Höhe dann tatsächlich transferiert werden können, nur Kostenpositionen, oder auch entstandene Vermögensschäden, das wird die spannende Frage der kommenden Jahre sein. Wir, der DVS, begleiten dieses Thema, wir haben dies bereits mehrfach im vergangenen Jahr bei Veranstaltungen zum Thema gemacht und werden auch weiterhin versuchen, unseren Beitrag für eine Marklösung zu liefern", so Allerdissen.

Allerdissen schloss seine Rede mit einem Appell, den Einkauf von Versicherungen, die Entscheidung wann und in welchem Umfang Risiken transferiert werden, als aktiven Bestandteil des Risk-Managements zu behandeln. Die Unternehmen könnten hier auch von der Erfahrung der Industrie-Versicherer, „die diese auf einigen wichtigen Feldern unstreitig haben", profitieren. „Unternehmen jedoch", warnte Allerdissen, „die sich – eventuell aus vordergründigen Überlegungen zu Personalkosten – dabei im internen Bereich allein auf die vermeintliche Expertise von Großmaklern verlassen, die ihre Kundenrolle spielen sollen, werden meines Erachtens ihre Performance einbüßen. Da spart man sicher am falschen Ende".

Unterdessen scheinen sich „insbesondere" Unternehmen in Großbritannien tatsächlich in einer „Vertrauenskrise" zu befinden. Bei einer Umfrage unter 250 IT-Sicherheitsexperten auf der Sicherheitsmesse „InfoSecurity Europe" habe sich herausgestellt, dass nur „sehr wenige der Befragten" einer Deckung von Cyber-Risiken durch Versicherer vertrauen. 63 % der Unternehmen gehen demnach nicht davon aus, dass eine Versicherung die Deckung für potenzielle Cyber-Risiken übernimmt und damit etwaig entstehende Haftungsansprüche ausgleicht. Das Vertrauen insbesondere der in Großbritannien ansässigen Unternehmen sei derart gering, dass sie eine Versicherung für diesen sensiblen Bereich nicht ein Mal erwägen, heißt es in der u. a. von der Softwarefirma *AppRiver* durchgeführten Umfrage.

„Die Zahl der Unternehmen, die wenig bis gar kein Vertrauen in die Versicherungsbranche haben, ist alarmierend", findet denn das Softwarehaus. „Wenn ich an dieser Stelle die Rolle des Advocatus Diaboli übernehmen darf: es müsste eigentlich ein Seufzer der Erleichterung durch die Branche gehen mit einer Zahl von 91 % aller Unternehmen, so Ergebnisse einer Studie des Sicherheitsspezialisten *Kaspersky*, die angeben bereits Opfer einer Datenschutzverletzung geworden zu sein und nur etwa einem Drittel der Unternehmen, die den daraus entstandenen Schaden tatsächlich gegenüber einem Versicherer geltend machen", sagt ein Manager von AppRiver. Die von AppRiver unterstützte Umfrage ergab, dass von den

Unternehmen, die über eine Versicherung gegen Cyber-Risiken verfügten, 18 % der befragten Firmenvertreter bejahten dies, 38 % von der Regel abweichende Sonderkonditionen in die Police mit aufgenommen haben. 32 % hielten das für unnötig. Und weitere 39 % waren unsicher, wie sie am besten verfahren sollten. „Man kann hierzu eine interessante Kalkulation anstellen. Die Wahrscheinlichkeit von speziellen, vom Regelfall abweichenden Versicherungsbedingungen kommt laut den Ergebnissen unserer Umfrage nur in einem von vier Fällen zum Tragen", kommentiert Jim Tyer von AppRiver und erklärt, was das für die Befragten heißt, die entweder unsicher darüber seien, inwieweit sie über eine Deckung seitens ihres Versicherers verfügten oder diejenigen, die zwar über eine entsprechende Police verfügten, aber gegebenenfalls die Bedingungen ändern müssten.

„28 % derjenigen, die überhaupt eine Versicherung abgeschlossen haben, haben keine Ahnung ob diese im Schadensfalle tatsächlich gültig ist. Eine ziemlich hohe Zahl wie ich finde" sagt er. Keiner der Befragten mit einer gültigen Police hat der Untersuchung zufolge denn auch bisher einen Schadenfall angezeigt. Das könne man als ein positives Zeichen werten, allerdings gebe es noch zwei weitere, eher bedenklich stimmende Aspekte dabei. Die eingangs erwähnten 63 % der an einer Deckungsübernahme zweifelnden Unternehmen sähen sich in ihrer Annahme weder bestätigt noch widerlegt. Hinreichend wahrscheinlicher sei aber, dass ein Prozent unter den Befragten gar keine korrekten Angaben gemacht habe. Und das unter dem Befragten solche seien, die zwar schon Sicherheitsvorfälle verzeichnet, aber nicht ihrem Versicherer gemeldet hätten und vor allem, dass eine erhebliche Zahl überhaupt nicht wisse, wie es um die aktuelle Datenschutzsituation im Einzelnen bestellt sei. „Ein, wie ich finde, beunruhigender Gedanke", so Tyer.

Die Antwort auf solcherlei Kritik an Cyber-Versicherungen sieht ein Versicherer darin, dass „Makler gerade bei diesem noch recht jungen Produkt die Beratungsleistung in den Vordergrund" stellen sollten. Viele Unternehmen unterschätzten nach wie vor Cyber-Risiken. „Da hilft es natürlich nicht, ihnen eine Versicherungslösung für ein Risiko anzubieten, das sie selbst nicht sehen", sagt Aon-Experte Behrends. „Aus diesem Grund", so Behrends, „müssen die Makler das Bewusstsein der Unternehmen für die Gefahren schärfen". Allgemein fällt auf, dass bei der Beurteilung der neuralgischen Punkte von Cyber-Policen die Versicherer immer wieder auf den Vertrieb zu sprechen kommen. So herrscht nach Ansicht von Herrn Erichsen „teilweise noch erhebliche Unsicherheit vor, wie das Thema am besten angesprochen werden soll". „Die angebotenen Produkte", so Erichsens Urteil, „sind noch komplex, sie setzen sich in der Regel aus mehreren Sparten zusammen und die Vermittlung für den Kunden erfordert ein gewisses Maß an IT-Know-how". Deshalb müssten Makler in „erheblichem Umfang in zusätzliches Know-how investieren. Zum einen für den Vergleich der Konzepte, zum anderen aber auch in Wissen im Bereich der IT-Sicherheit“. Wichtig sei auch, die Kunden für das Risiko zu sensibilisieren und Schadenbeispiele speziell für die Branche und Größe des Kunden zu erarbeiten. Für die Kunden sei es entscheidend mit einem Partner zusammenzuarbeiten, der Erfahrungen und Kenntnisse sowohl aus der IT-Sicherheit als auch aus der Versicherungswelt vereine. „Zwischen beiden Welten gibt es noch eine erhebliche Sprachbarriere, die wir mit unserem Ansatz überwinden wollen“, so Erichsen.

3 Ausblick: Wie sieht die Zukunft von Cyber-Versicherungen aus?

Fragt man die Anbieter nach der Zukunft von Cyber-Versicherungen, herrscht größtenteils Optimismus. Die Akteure gehen davon aus, in Zukunft mit weiteren Anbietern auf den Cyber-Markt zu konkurrieren. „Wir gehen fest davon aus, dass der Markt in den nächsten Jahren stark wachsen wird“, sagt Aon-Manager Behrends. Auch wenn die Unternehmen noch verhalten auf das neue Angebot reagierten, „wird man in einigen Jahren nicht mehr an einer Cyber-Versicherung als Teil des Risikomanagements vorbei kommen“, ist sich Behrends sicher. Denn die Risiken nähmen ständig zu und es vergehe eigentlich kein Tag, an dem man nicht über Datenverluste oder Hackerangriffe in der Presse lese. Behrends: „Früher oder später werden daher auch die übrigen Versicherer das Potential erkennen und eigene Produkte auf den Markt bringen“.

Die Oskar Schunck Group prognostiziert, dass Cyber-Versicherungen in spätestens zehn Jahren zum Standardrepertoire eines jeden Versicherers gehören werden. „Die Frage wird dann also längst nicht mehr lauten, ob eine Versicherung spezielle Policen anbietet, sondern was es Neues gibt“, so der internationale Assekuranz-Makler. „Wir gehen davon aus, dass sich Cyber-Deckungen nach und nach als Standard im Versicherungsportfolio zumindest mittlerer und größerer Unternehmen durchsetzen werden“, verlautet es aus der XL Group, die zuletzt im Herbst 2013 ein neues Cyber-Produkt lanciert hat. Auch für Philipp Lienau von der HDI wird auf „sehr lange Sicht eine Cyber-Police unter Umständen so selbstverständlich zu den Versicherungspolicen eines Unternehmens gehören, wie heute eine Feuer- oder eine Haftpflichtversicherung“. Kurz- und mittelfristig müssten sich die neuen Cyber-Policen allerdings erst einmal am Markt bewähren. Denn es handele sich bei Cyber-Risiken um relativ neue Risiken für Unternehmen. „Deshalb

U. Choudhry, *Der Cyber-Versicherungsmarkt in Deutschland,* essentials,
DOI 10.1007/978-3-658-07098-4_3

braucht es etwas Zeit, bis sich für diese neuen Risiken in der Diskussion mit Kunden passgenaue Versicherungslösungen entwickeln", sagt Lienau. „Zudem", so Lienau, „braucht es wiederum etwas Zeit, bis die Manager den Wert dieser Lösungen für ihre Unternehmen erkennen. In dieser Phase befinden wir uns derzeit".

Und durch die Industrie 4.0, welche die Vernetzung von Anlagen und Maschinen über das Internet beschreibt, gewinnt nach Ansicht der HDI die Absicherung der Produktionsprozesse zusätzlich an Bedeutung. „In Kundengesprächen haben wir großes Interesse an einer Cyber-Versicherung festgestellt", so die HDI. Als Treiber wird auch die Gesetzgebung im Bereich des Datenschutzrechtes genannt. „Hierdurch steigt der Bedarf nach Absicherung durch Versicherungslösungen", so die Zurich. In Zeiten zunehmender Digitalisierung sieht die Zurich einen „erhöhten Bedarf" an Cyber-Absicherung. „Der Bedarf nach Absicherung gegen Eigen- und Drittschäden wird nicht nur durch die technische Entwicklung steigen, sondern auch durch den Gesetzgeber im Hinblick auf verschärfte gesetzliche Regelungen", so die Zurich.

Tatsächlich beobachtet AIG-Manager Pache eine erhöhte Nachfrage und steigendes Interesse der Unternehmen an einer Cyber-Absicherung. Das belegten die steigenden Anfragen. Sicherlich würden einige Cyber-Produkte in einem Zeitraum von zehn Jahren zum Marktstandard gehören, ist sich Pache sicher. Er vergleicht den Cyber-Versicherungsmarkt mit der Entwicklung der Berufshaftpflicht für Unternehmensleiter, der Directors & Officers-Versicherung. Auch hier habe es eine Weile gedauert, bis das Risikobewusstsein bei den Verantwortlichen in den Unternehmen angekommen sei. „Ich denke, dass sich der Markt in den kommenden Jahren rasant entwickeln wird. Das Potential des US-Marktes werden wir in den kommenden 10 Jahren ebenfalls erreichen", sagt CNA-Manager Dittmann. Der Anbieterkreis dieser Policen entwickele sich bereits jetzt stetig und dürfte, ähnlich D&O, einen erweiterten Kreis von 15–25 Versicherern erreichen.

Die Allianz hat für ihren „*Risk Barometer 2014*" mehr als 400 Experten im Bereich Unternehmens-Versicherung aus 33 Ländern befragt. Demnach ist das Riskobewusstsein schon jetzt, 2014, im Bereich Cyberkriminalität und Reputationsverlust am höchsten. Cyberkriminalität verzeichnet im diesjährigen Risiko-Barometer den deutlichsten Sprung nach oben, von Platz 15 auf Platz 8. Reputationsrisiken stiegen von der 10. auf die 6. Stelle. Der Befragung zufolge sind „Risikomanager aufgrund der sich schnell entwickelnden High-Tech-Risiken in höchster Alarmbereitschaft". „Auch Nicht-IT-Experten sind sich mittlerweile bewusst, dass es sich hierbei um ein neues Risiko handelt", sagt Allianz-Mann Pearson. „Die wachsende Beteiligung der organisierten Kriminalität, unzureichende interne Prozesse, das sich schnell verändernde aufsichtsrechtliche Umfeld, das immer mehr zu Strafen neigt, sowie eine Erfolgsrate beim Hacken, von der Spammer nur träumen können, haben dazu geführt, dass Cyber-Risiken 2014 mehr denn je als große Bedrohung wahrgenommen werden", heißt es im Allianz-Bericht. So werden sich mit Blick auf die steigenden Risiken Cyber-Versicherungen nach Ansicht der Allianz in den kommenden Jahren auch in deutschen Großunternehmen etablieren.

In den USA sind sie bereits fester Bestandteil im Versicherungsportfolio von Firmen und erzielen ein Prämienvolumen von rund 1,3 Mrd. $US (990 Mio. €) bei einer Marktdurchdringung von 30 % (*The Betterley Report, Cyber/Privacy Insurance Market Survey 2013*). „In Deutschland und Europa besteht eindeutig Aufholbedarf. Wir sind überzeugt, dass sich Cyber-Versicherungen auch hierzulande zu einer eigenständigen Produktgattung in der Industrie-Versicherung entwickeln werden. Wir wollen dieses neue Marktsegment aktiv besetzen und mit gestalten", sagt Hartmut Mai, AGCS-Vorstandsmitglied und Chief Underwriting Officer Corporate Lines.

In Europa könnte der Markt für Cyber-Versicherungen nach AGCS-Berechnungen bis 2018 ein Prämienvolumen von 700–900 Mio. € erreichen. Niemand streite mehr ab, dass der Cyber-Versicherungsmarkt ein globaler Wachstumsmarkt sei und Cyber-Policen ein wichtiges Produkt der Zukunft seien, ergänzt Krickhahn. Deutschland ist der drittgrößte Versicherungsmarkt der Welt. Die Chance dass der deutsche Cyber-Markt eine ähnliche Erfolgsgeschichte schreiben wird wie der amerikanische ist sehr groß, freut sich Krickhahn. Allerdings sei dafür noch viel Arbeit aller Beteiligten notwendig. Beteiligte an der Entwicklung seien dabei selbstverständlich nicht nur Unternehmen aus der Versicherungsbranche, sondern auch aus der Gesellschaft, Politik, Wirtschaft, Hochschulen, etc. Denn die Gefahren aus dem Netz und im Umgang mit Daten „gehen uns alle an".

Dass sich dieses geschätzte Volumen in den nächsten Monaten und Jahren weitere Versicherer teilen, ist sehr wahrscheinlich. So bereitet die *Versicherungskammer Bayern (VKB)* eine eigene Cyber-Police vor. Das Unternehmen verrät allerdings nicht, wie weit diese Vorbereitungen gediehen sind und wann mit dem Start gerechnet werden kann. Offiziell bestätigt wird lediglich die Analyse des Cyber-Marktes und Prüfungen zur Vorbereitung einer eigenen Police gegen IT-Risiken. Auch die *Ergo Versicherungsgruppe* „sondiert derzeit mit Maklern und Großkunden" den gewerblichen Cyber-Markt. „Cyber-Risiken sind ein aktuelles Thema, dessen Risiken für die Versicherer schwer abzubilden sind", so der Düsseldorfer Versicherer. Bei einer solchen Versicherung müssten „bestimmte Voraussetzungen erfüllt sein". „Durch eigene IT-Experten des Versicherers muss eine Risikoprüfung erfolgen", erklärt eine Ergo-Sprecherin. „Des Weiteren muss dem Versicherer ein Einblick in die Betriebe gewährt werden, um eine adäquate Einschätzung des zu versichernden Risikos sicherzustellen", so der Versicherer. „Wir klären gerade die Voraussetzung auf unserer Seite (IT-Experten) und ob Kunden bereit sind, uns

Einblick in ihre IT-Sicherheit zu gewähren. Diese Voraussetzungen müssen seitens Ergo ausgearbeitet werden“, heißt es aus der Ergo. Die *SV Sparkassen-Versicherung* „sichtet immer den Markt und schaut sich an, welche Risiken und welche Produkte aktuell diskutiert werden. Die Cyber-Versicherung gehört in diesem Bereich mit dazu“, bestätigt SV-Pressesprecher Dr. Michael Kuhn. Die SV gehört – wie auch die VKB – der Gruppe der *öffentlichen Versicherer* an. Die öffentlichen Versicherer haben sich darauf geeinigt, sich gemeinsam den Cyber-Versicherungsmarkt genauer anzuschauen. Innerhalb des Verbandes der öffentlichen Versicherer gibt es ein Projekt dazu, das noch in diesem Jahr zu einem Ergebnis kommen soll. Also zu einem Vorschlag, ob und wie eine Cyber-Versicherung für die Mitglieder der Gruppe interessant sein könnte, erklärt Kuhn. Ob, wie und wann die einzelnen Unternehmen da etwas konkret umsetzen, sollen die Unternehmen dann aber selbst entscheiden. Für die SV gilt also, dass „wir uns zunächst die Ergebnisse des Projekts anschauen werden, und dann entscheiden, wie wir damit umgehen“, so Kuhn. Ein mögliches Produkt der SV werde frühestens 2015 auf den Markt kommen. Dieses Datum gibt auch die *Gothaer* als geplante Markteinführung für ein „innovatives Cyber-Produkt“ an.

Die *R + V Versicherung AG* bietet seit dem 01.06.2014 ihre „R + V-InternetschutzPolice“ an. Diese ist allerdings für Privatkunden konzipiert worden und deckt gängige finanzielle Schäden bei Cyberkriminalität ab. Lehrreich sind hier aber die Beweggründe der R + V, eine solche Police aufzulegen. „Im Vorfeld der Produktgestaltung haben wir eine umfangreiche Kundenbefragung gemacht“, schildert R + V-Pressesprecher Frank Senger. Das Ergebnis: die Kunden wünschten sich genau eine solche Absicherung gegen die vielfältigen Risiken bei der Benutzung des Internets. „Der Markt für solche Cyber-Versicherungen ist aus unserer Sicht enorm“, so Senger. Denn Online-Einkäufe, Online-Banking bzw. die Nutzung des Internets insgesamt sei inzwischen selbstverständlich. In den Altersgruppen bis 45 Jahre seien heute praktisch 100 % online. Und auch in den älteren Jahrgängen sei die Internetnutzung sehr stark verbreitet. „Ein Versicherungsschutz vor Hackern und Datendieben ist gerade vor dem Hintergrund von millionenfachen Passwortdiebstählen, Phishing-Mails etc. sehr zu empfehlen“, so Senger.

Im Sommer 2014 hat sich nun auch die *Axa* in den Grenzbereich der Versicherbarkeit von Cyber-Risiken herangewagt. „ByteProtect“ hat sie ihre Cyber-Police getauft. Bislang hätten Datenklau, Rufschädigung oder eine Cyber-Erpressung wenn, dann nur als Ausschnittsrisiko in einzelnen Versicherungsprodukten abgedeckt werden können, begründet die Axa ihren Schritt für eine Cyber-Police. Dagegen bestehe über „ByteProtect“ „nun erstmalig die Möglichkeit einer umfassenden Absicherung solcher neuartiger Risiken“. Zu den „zahlreichen neuartigen Risiken“ identifiziert der Versicherer aus Köln die zunehmende Abhängigkeit von

IT-Geschäftsprozessen, besonders im Vertrieb und in der Produktion. Für bedeutsam hält die Axa auch die globale und anonyme Reichweite des Internets, so dass Angreifer für den Angegriffenen unsichtbar blieben sowie die Zunahme von Geldströmen und Bezahlvorgängen über IT-Systeme. Schließlich sieht der Versicherer eine Professionalisierung der Cyber-Kriminalität und erkennt auch in der Wirtschaftsspionage ein Risiko.

Die Axa bestätigt, dass aus „ByteProtect“ die versicherbaren Risiken, wie in Cyber-Policen anderer Versicherer auch, bausteinartig abgedeckt werden können. Die Police könne auf „jede Unternehmensart“ angepasst werden. Kern des Schutzes ist eine Vermögensschaden-Versicherung für Schäden an der IT, zum Beispiel durch Cyber-Angriffe. Abgedeckt ist hier der Verlust der Daten, der Datenintegrität und des Datenzugangs. Der modulartige Aufbau beinhaltet das Risiko einer Betriebsunterbrechung, Sachverständigenkosten, Kosten für die Datenwiederherstellung oder das Krisenmanagement. Weitere Bausteine umfassen Aufwendungen für eigene Datenschutzverletzungen und zielgerichtete Angriffe Dritter. Auch Lösegelder an Erpresser aufgrund einer Cyber-Drohung können versichert werden. Die sogenannte „Cyber-Liability“, ein weiterer Baustein, versichert die gesetzliche Haftpflicht des Kunden wegen Vermögensschäden Dritter.

3.1 Makler und Versicherer: Brancheninterne Positionierung

Für den GDV und dessen Mitglieder habe IT-Sicherheit höchste Priorität. „Gerade für die Versicherungswirtschaft sind die Daten, die den Unternehmen von ihren Kunden anvertraut wurden, das wichtigste Gut“, ist in den *„Politischen Positionen 2014“* des GDV zu lesen. Ob und wann unter dem Dach des GDV Musterbedingungen zu Cyber-Risiken erarbeitet werden ist ungewiss. Hierzu möchte sich der Verband nicht weiter äußern. Nur so viel: „Sicherlich ist es vorstellbar, dass auch der GDV Musterbedingungen zu Cyber-Risiken gestaltet – derzeit können wir allerdings dazu weiter nichts sagen“, lautet die offizielle Sprechweise. Auf politischer Ebene ist die deutsche Versicherungswirtschaft auf mehreren Gebieten vertreten. So hat die Assekuranz als eine der ersten Branchen im Jahre 2010 einen zentralen Knotenpunkt für die Mitteilung bei Sicherheitsvorfällen etabliert: das „Lage-Krisenreaktionszentrum für IT-Sicherheit der deutschen Versicherungswirtschaft (LKRZV)“.

Mit am Ball ist die Assekuranz auch bei einem unter dem Dach der Bundesregierung organisierten Dialog zwischen Politik und Wirtschaft. Bei diesem „Runden Tisch“ „Sicherheitstechnik im IT-Bereich“ wird über Herausforderungen der in Deutschland vertretenen IT-Sicherheitswirtschaft beraten. Schließlich arbeitet die Versicherungswirtschaft im Rat des Umsetzungsplans für Kritische Infrastrukturen (KRITIS) mit. Hierbei soll in einem Krisenfall Vorsorge für das Weiterführen kritischer Infrastrukturen, zu dem unter anderem die Versicherungswirtschaft zählt, geschaffen werden. „Jeder dieser Initiativen zeigt", so der GDV, „dass sich die Versicherungswirtschaft als Teil der Gesellschaft ihrer Verantwortung im Bereich IT-Sicherheit bewusst ist".

Der VDVM beschäftigt sich ebenfalls intensiv mit dem Feld der Cyber-Versicherung. So hat der Verband eine Arbeitsgruppe eingerichtet, die Aufklärungsmaterial für ihre Mitglieder erstellt. Gleichzeit prüft der VDVM aktuell, ob ein Rahmenvertrag für die Risiken der Mitgliedsunternehmen selber Sinn macht. Hierzu hat der Verband zunächst eine Umfrage unter seinen Mitgliedern durchgeführt. Der VDVM weist auch darauf hin, dass die Makler aus ihrer Stellung als Sachwalter des Kunden verpflichtet seien, das Thema Cyber-Versicherungen bei ihren Kunden anzusprechen. Die Makler müssen den Kunden die IT-Risiken aufzeigen und über Versicherungslösungen informieren, soweit, bis der Kunde eine fundierte Entscheidung fällen kann, so der VDVM.

4 Versicherer mit einem Produkt gegen Cyber-Risiken

Anbieter	Name
ACE European Group Limited, Direktion für Deutschland	Data Protect
AIG Europe Limited, Direktion für Deutschland	CyberEdge
Allianz Global Corporate & Specialty	Allianz Protect
AXA Konzern Aktiengesellschaft	ByteProtect
Chubb Insurance Company of Europe SE, Direktion für Deutschland	Cyber Security by Chubb
CNA Insurance Company Limited Direktion für Deutschland	Net Protect
HDI-Gerling Industrie AG	HDI-Gerling Cyber+
Hiscox Europe Underwriting Limited, Zweigniederlassung für die Bundesrepublik Deutschland	Cyber Risk Management by Hiscox
Kiln Group	
Württembergische Versicherung AG	
XL Insurance Company Plc, Direktion für Deutschland	XL Eclipse
Zurich Beteiligungs-Aktiengesellschaft (Deutschland)	Zurich Cyber & Data Protection

U. Choudhry, *Der Cyber-Versicherungsmarkt in Deutschland,* essentials,
DOI 10.1007/978-3-658-07098-4_4

5 Wenn Versicherer zur Zielscheibe von Cyberattacken werden

> Risikoschutz, Sicherheit und Vorsorge – in diesem Dreiklang sehen Versicherer ihr Handeln. Dass nun ausgerechnet sie vermehrt Opfer von Hackerangriffen geworden sein sollen, passt naturgemäß nicht ins Bild der Risikohüter. Und doch sprechen Experten von immer mehr zielgerichteten Attacken gegen Versicherer. „Die Zahl von Cyber-Attacken auf Versicherer ist in den vergangenen Jahren nicht gestiegen", lautet dagegen die offizielle Sprechweise der Versicherungswirtschaft.

Pünktlich zur CeBIT, der weltweit größten IT-Messe, wartete die Versicherungswirtschaft mit einer Erfolgsmeldung auf: „Versicherungscloud erhält erstes staatliches Prüfsiegel", gab der Versichererverband GDV freudig bekannt. „Ich freue mich, dass wir es als erste Branche geschafft haben, die Nutzung von Cloud-Services auf sichere Füße zu stellen", wird Axel Wehling, Mitglied der GDV-Hauptgeschäftsführung, in der Mitteilung zitiert.

Und: „Die enge Kooperation mit dem Bundesamt für Sicherheit in der Informationstechnik (BSI) untermauert unseren hohen Anspruch an die Sicherheit unserer IT-Systeme." Versicherungen, Cyber-Sicherheit und BSI: das war gleichfalls der Dreiklang von IT-Akteuren in den und im Umfeld der Messehallen – jedoch in einem anderen Zusammenhang.

Offizielle Zahlen, die öffentlich zugänglich sind, gibt es nicht, die Versicherer zeigen sich wortkarg. Und doch versichern IT-Kenner, darunter Unternehmensberater, Anti-Viren-Hersteller, Programmierer und Hacker, unisono: Die Versicherungen werden immer öfter zur Zielscheibe von systematischen Cyberattacken.

U. Choudhry, *Der Cyber-Versicherungsmarkt in Deutschland,* essentials,
DOI 10.1007/978-3-658-07098-4_5

5.1 Branche betreibt eigenes Cyber-Abwehrzentrum

Allein in den vergangenen drei Monaten habe es in zunehmender Zahl Angriffe auf die IT-Systeme verschiedener Versicherer gegeben. Entschieden weist der Versichererverband GDV diesen Trend zurück. „Die Zahl von Cyber-Attacken auf Versicherer ist in den vergangenen Jahren nicht gestiegen", stellt der Verband klar.

Mit der LKRZV GmbH, dem Krisenreaktionszentrum der deutschen Versicherungswirtschaft, stellte die deutsche Versicherungswirtschaft bereits Anfang 2010 eine zentrale Plattform für die präventive wie repressive IT-Sicherheit auf die Beine. „Grundsätzlich", bestätigt der GDV aber, „werden etwaige Angriffe von den Versicherern" an dieses rund um die Uhr besetzte Cyber-Abwehrzentrum gemeldet. Dieses wiederum tauscht sich mit dem Bundesamt für Sicherheit in der Informationstechnik (BSI) aus.

Für Furore sorgte zuletzt das sogenannte Domain-Grabbing, von dem Versicherer betroffen waren. Im Februar 2013 waren einige Webseiten von Versicherern nicht erreichbar gewesen. Sie wurden versehentlich gelöscht und zur Registrierung freigegeben. Dieser Domain-Klau hatte ein Nachspiel. Der GDV sah bei der „Verwaltung von Domainnamen noch Optimierungsbedarf".

Und tatsächlich führte die Denic, die zentrale Registrierungsstelle für alle.de-Domains, eine verlängerte Löschphase ein. Zum 3. Dezember 2013 hat sie für alle Domains mit deutscher Länderendung ein Karenzverfahren gestartet, das Domaininhaber vor dem ungewollten Verlust ihrer Domain durch eine versehentliche Löschung schützen soll. „Nach dem neuen Verfahren werden.de-Domains, für die Domaininhaber einen Löschauftrag erteilen, zukünftig nicht mehr unwiederbringlich gelöscht", teilte die Denic mit.

5.2 Täter sind auf Kundendaten aus

„Vielmehr schließt sich an die Löschung zunächst eine Karenzzeit von 30 Tagen an: die sogenannte Redemption Grace Period (kurz RGP). Innerhalb dieser Zeitspanne kann die betreffende Domain nur im Auftrag des vormaligen Domaininhabers erneut registriert werden." Die Karenz ermögliche es dem bisherigen Domaininhaber, die Löschung der Domain rückgängig zu machen, indem er die Domain durch seinen Provider wiederherstellen lasse (RESTORE).

Erst wenn nach Ablauf der 30-tägigen Karenz keine Wiederherstellung erfolgt sei, stehe die Domain zur Neuregistrierung durch jeden Interessierten zur Verfügung. Eine ähnliche Regelung gelte aktuell auch bereits bei den Registrierungsstellen anderer Top Level Domains, so die Denic in ihrer Mitteilung.

Bei den aktuellen Angriffen auf die Webseiten der Versicherer, so die Einschätzung von Experten, dürften die Täter jedoch die lukrativen Datenberge der Unternehmen im Visier haben. Die Branche verwaltet fast 460 Mio. Versicherungsverträge. Mit einer Flut von Anfragen versuchten die Täter die Server der betroffenen Unternehmen lahmzulegen (sogenante DDos-Attacken). Und die Hacker zeigten sich bei den Formen der Angriffe durchaus „kreativ". Eher passt wohl das Attribut „dreist".

Denn die Kriminellen attackierten die Systeme mit der Absicht, dass der IT-Abteilung der Versicherung der Angriff auffalle und gestoppt werde – eine trügerische Ruhe. In Wahrheit nämlich führten die Täter damit die Gegenseite auf eine falsche Fährte. Denn die Hacker lenkten mit diesem Trick vom eigentlichen Überfall ab, der damit unentdeckt bleiben solle.

(Quelle: Dieser Artikel erschien am 07.04.2014 auf der Seite asscompact.de.)

Was Sie aus diesem Essential mitnehmen können

- Die Gefahren aus der Informationstechnologie sind real, allgegenwärtig und besorgniserregend. Die Nachfrage aus der Wirtschaft nach einem Risikotransfer kann inzwischen von einem Dutzend deutscher Versicherer befriedigt werden.
- Für Versicherungsvermittler und -makler ergibt sich durch den recht jungen Cyber-Versicherungsmarkt die Chance, am großen Marktpotential von Anfang an teilzuhaben. Der Mittelstand als Zielgruppe wird als lukrativ beurteilt. Der Vertrieb von Cyber-Policen ist sehr beratungsintensiv und bedarf einer gezielten Bereitschaft, diese Sparte zu vertreten.
- Cyber-Policen sind nicht unumstritten. Sowohl Branchenakteure als auch (potentielle) Versicherungsnehmer üben Kritik an der Wirksamkeit des Risikotransfers. Mangelnde Erfahrung, intransparente Bedingungen, der Ausschluss wichtiger Risiken sowie eine nicht nachvollziehbare Prämienpolitik sind einige Vorwürfe, denen sich die Versicherer stellen müssen.
- Dennoch blicken die Anbieter optimistisch in die Zukunft. Datenschutz, Compliance, Risikomanagement und Industrie 4.0: All diese Schlagworte lassen die Versicherer langfristig auf einen Durchbruch der Cyber-Policen hoffen.

U. Choudhry, *Der Cyber-Versicherungsmarkt in Deutschland,* essentials,
DOI 10.1007/978-3-658-07098-4

Literatur

ACE European Group Limited, Direktion für Deutschland. 2013. Cyber-Risiken, Herausforderungen und Lösungen. FACE OF FACE – Das Magazin der ACE in Deutschland, Ausgabe 02/20013. http://www.adfinity.de/servace/daten/FACEOFACE2_2013.pdf. Zugegriffen: 30. Juni 2014.

Allerdissen, Hans-Jürgen. 2014. Lage und Entwicklung der deutschen Versicherungswirtschaft aus der Sicht des DVS Deutschen Versicherungs-Schutzverbandes e. V. Rede anlässlich der ordentlichen Mitgliederversammlung am 9.5.2014. http://www.dvs-schutzverband.de/aktuelles-2014-PM-Lage-und-Entwicklung-Artikel-de.php. Zugegriffen: 30. Juni 2014.

Allianz SE, und Allianz Global Corporate & Specialty SE. 2014. Allianz risk pulse, Allianz risk barometer on business risks 2014, 3. Aufl. http://www.agcs.allianz.com/assets/PDFs/Reports/Allianz-Risk-Barometer-2014_EN.pdf. Zugegriffen: 30. Juni 2014.

AppRiver. 2014. Umfrage anlässlich der InfoSecurity Europe 2014: Sind Cyber-Risiken ausreichend versichert? http://de.appriver.com/about-us/press-releases/read/AppRiver-Umfrage-anlasslich-der-InfoSecurity-Europe-2014-Sind-Cyber-Risiken-ausreichend-versichert-4021.aspx. Zugegriffen: 30. Juni 2014.

Behrends, Johannes. 2013. Präventiv aktiv – Vorbereitung auf Cyber-Risiken. W & S, Das Sicherheitsmagazin, Ausgabe 02/2013, 26–27. http://www.sicherheit.info/SI/cms.nsf/Sessions/4273838-080152/$file/ws2_13_26-27_Aon.pdf. Zugegriffen: 30. Juni 2013.

Behrends, Johannes. 2013. Cyber-Versicherungen haben eine große Zukunft. Versicherungswirtschaft 02/2013, 68. Jahrgang, 15.1.2013, 24–25. http://www.aon.com/germany/risk-services/cyber_risiken/versicherungswirtschaft_02_2013.pdf. Zugegriffen: 30. Juni 2014.

Betterley, Richard S. 2013. Betterley Risk Consultants, Inc., The Betterley Report, cyber/privacy insurance market survey 2013, carriers deepen their risk management services benefits, insureds grow increasingly concerned with coverage limitations. http://betterley.com/samples/cpims13_nt.pdf. Zugegriffen: 30. Juni 2014.

Beucher, Klaus. 2014. Regulierungspläne zur Cybersicherheit treffen auch den Finanzsektor. Börsen-Zeitung, 10.5.2014 http://www.freshfields.com/de/insights/CybSec_IV_Beucher_BoersZ/?LangId=-1. Zugegriffen: 30. Juni 2014.

U. Choudhry, *Der Cyber-Versicherungsmarkt in Deutschland,* essentials,
DOI 10.1007/978-3-658-07098-4

Bocquel, Ellen. 2013. Was gehört zu einer echten Cyber-Versicherung? http://www.bocquel-news.de/news/Was%20geh%F6rt%20zu%20einer%20echten%20Cyber-Versicherung%3F.7708.php. Zugegriffen: 30. Juni 2014.

Böhme, Rainer, und Galina, Schwartz. 2010. Modeling cyber-insurance: Towards a unifying framework, workshop on the economics of information security, WEIS. http://www1.inf.tu-dresden.de/~rb21/publications/BS2010_Modeling_Cyber-Insurance_WEIS.pdf. Zugegriffen: 30. Juni 2014.

Böhme, Rainer, und Gaurav, Kataria. 2006. Models and measures for correlation in cyber-insurance, WEIS. http://www1.inf.tu-dresden.de/~rb21/publications/BK2006_Correlation_CyberInsurance_WEIS.pdf. Zugegriffen: 30. Juni 2014.

Böhme, Rainer, und Gaurav, Kataria. 2006. *On the limits of cyber-insurance, trust and privacy in digital business*, 31–40, Berlin: Springer. http://link.springer.com/chapter/10.1007%2F11824633_4. Zugegriffen: 30. Juni 2014.

Böhme, Rainer. 2005. Cyber-insurance revisited, WEIS. http://www1.inf.tu-dresden.de/~rb21/publications/Boehme2005_CyberInsurance_Revisited_WEIS.pdf. Zugegriffen: 30. Juni 2014.

Böhme, Rainer. 2005. IT-Risiken im Schadenversicherungsmodell: Implikationen der Marktstruktur. In *SICHERHEIT 2005*, Hrsg. H. Federrath, 27–40. Bonn: Köllen Verlag. http://www1.inf.tu-dresden.de/~rb21/publications/Boehme2005_IT-Versicherungen.pdf. Zugegriffen: 30. Juni 2014.

Bundeskriminalamt. 2012. Bundeslagebild Cybercrime 2012. http://www.bka.de/DE/Publikationen/JahresberichteUndLagebilder/Cybercrime/cybercrime__node.html?__nnn=true. Zugegriffen: 30. Juni 2014.

Capgemini Deutschland Holding GmbH. 2012. Using insurance to mitigate cybercrime risk. http://www.capgemini.com/resource-file-access/resource/pdf/Using_Insurance_to_Mitigate_Cybercrime_Risk.pdf. Zugegriffen: 30. Juni 2014.

Choudhry, Umar. 2012. Versicherungen gegen Cyberrisiken auf dem Vormarsch. http://www.versicherungsbote.de/id/88012/Versicherungen-gegen-Cyberrisiken-auf-dem-Vormarsch/. Zugegriffen: 30. Juni 2014.

Choudhry, Umar. 2012. Internetkriminalität verursacht Schäden in Millionenhöhe. http://www.assekuranz-zeitung.de/2012/10/internetkriminaitat-verursacht-schaden.html. Zugegriffen: 30. Juni 2014.

Choudhry, Umar. 2013. Cyberkriminalität – Vollkasko gegen DoS-Attacken. http://www.golem.de/news/cyber-kriminalitaet-vollkasko-gegen-dos-attacken-1311-102565.html. Zugegriffen: 30. Juni 2014.

Choudhry, Umar. 2014. Wenn Versicherer zur Zielscheibe von Cyberattacken werden. http://www.asscompact.de/nachrichten/wenn-versicherer-zur-zielscheibe-von-cyberattacken-werden. Zugegriffen: 30. Juni 2014.

Choudhry, Umar. 2014. Makler scheuen Vertrieb von Cyber-Versicherungen. http://www.asscompact.de/nachrichten/makler-scheuen-vertrieb-von-cyber-versicherungen. Zugegriffen: 30. Juni 2014.

Choudhry, Umar. 2014. „Internetschutz-Policen" in der Pipeline der Versicherer. http://www.bocquel-news.de/news/%22Internetschutz-Policen%22%20in%20der%20Pipeline%20der%20Versicherer.8142.php. Zugegriffen: 30. Juni 2014.

Choudhry, Umar. 2014. Cyber-Versicherungen: Schutzwall gegen Hacker und Trojaner, Versicherungsmagazin, 02/2014, 58–59, Springer Gabler 2014. http://www.springerprofessional.de/schutzwall-gegen-hacker-und-trojaner/4940080.html. Zugegriffen: 30. Juni 2014.

DsiN-Sicherheitsmonitor Mittelstand. 2014. Eine Studie von Deutschland Sicher im Netz. https://www.sicher-im-netz.de/sites/default/files/media/dsin_sicherheitsmonitor_2014_web.pdf. Zugegriffen: 30. Juni 2014.

DVS Deutscher Versicherungs-Schutzverband e. V. 2014. DVS stellt Cyber-Versicherungen auf den Prüfstand. http://dvs-schutzverband.de/downloads/DVS-Cyber-Veranstaltung-2014_Cyberkriminalitaet%20Risiko%20und%20Versicherung.pdf. Zugegriffen: 30. Juni 2014.

European Union Agency for Network and Information Security (ENISA). 2012. Incentives and barriers of the cyber insurance market in Europe. http://www.enisa.europa.eu/activities/Resilience-and-CIIP/national-cyber-security-strategies-ncsss/incentives-and-barriers-of-the-cyber-insurance-market-in-europe. Zugegriffen: 30. Juni 2014.

Fraunhofer-Institut für sichere Informationstechnologie. 2014. Eberbacher Gespräch „Sichere Softwareentwicklung". https://www.sit.fraunhofer.de/fileadmin/dokumente/studien_und_technical_reports/EberbacherBroschuere_web.pdf. Zugegriffen: 30. Juni 2014.

Gaycken, Sandro. 2012. *Cyberwar – Das Wettrüsten hat längst begonnen*. München: Wilhelm Goldmann.

Gesamtverband der Deutschen Versicherungswirtschaft e. V. 2014. Die Positionen der deutschen Versicherer 2014. http://www.gdv.de/wp-content/uploads/2014/04/GDV-Politische-Positionen_2014_nn.pdf. Zugegriffen: 30. Juni 2014.

Greisiger, Mark. 2011. Cyber liability & data breach insurance claims, a study of actual payouts for covered data breaches. http://www.netdiligence.com/files/CyberLiability-0711sh.pdf. Zugegriffen: 30. Juni 2014.

Group Steria SCA in collaboration with PAC Pierre Audoin Consultants. 2014. Are European companies equipped to fight off cyber security attacks? http://www.steria.com/ch/fileadmin/assets/media/2014/pdf/Cyber_Security_exec_summary_-_ENG.pdf. Zugegriffen: 30. Juni 2014.

Gründer, Torsten, und Joachim, Schrey, Hrsg. 2007. *Managementhandbuch IT-Sicherheit, Risiken, Basel II, Recht*. Berlin: Erich Schmidt Verlag GmbH & Co. http://www.esv.info/978-3-503-10002-6. Zugegriffen: 30. Juni 2014.

Haas, Andreas, und Anette, Hofmann. 2013. Risiken aus Cloud-Computing-Services: Fragen des Risikomanagements und Aspekte der Versicherbarkeit. Discussion Paper 74-2013, Universität Hohenheim. http://opus.uni-hohenheim.de/volltexte/2013/853/pdf/fzid_dp_2013_74_Schiller.pdf. Zugegriffen: 30. Juni 2014.

Hiscox Underwriting Ltd. 2014. Hiscox DNA of an entrepreneur report. http://hiscoxdnareport.com. Zugegriffen: 30. Juni 2014.

Holznagel, Bernd, Anika, Hanßmann, und Matthias, Sonntag, Hrsg. 2001. *IT-Sicherheit in der Informationsgesellschaft – Schutz kritischer Infrastrukturen, Arbeitsberichte zum Informations-, Telekommunikations- und Medienrecht*. Münster: LIT.

Hutter, Reinhard. 2002. „Cyber-Terror": Risiken im Informationszeitalter. Aus Politik und Zeitgeschichte, Bd. 10–11/2002, Seite 31–39. http://www.bpb.de/apuz/27049/cyber-terror-risiken-im-informationszeitalter?p=all. Zugegriffen: 30. Juni 2014.

Jung, Marcus. 2013. Virtuelle Kampfzone. JUVE Rechtsmarkt, 16. Jahrgang, Ausgabe 11/2013, 54–60. http://finance.siemens.com/financialservices/global/de/presse/sfs-in-the-press/documents/virtuelle_kampfzone.pdf. Zugegriffen: 30. Juni 2014.

Koch, Robert. 2006. *Vertrauensschadenversicherung*. Karlsruhe: Verlag Versicherungswirtschaft GmbH.

Königs, Hans-Peter. 2013. IT-Risikomanagement mit System, Praxisorientiertes Management von Informationssicherheits- und IT-Risiken, Wiesbaden, Springer Fachmedien. http://www.springerprofessional.de/978-3-8348-2165-2--it-risikomanagement-mit-system/4012238.html. Zugegriffen: 30. Juni 2014.

Kurz, Rafael. 2014. Cyberrisks schwerer zu handhaben als Naturkatastrophen, Interview mit Onnen Siems von Meyerthole Siems Kohlruss – Gesellschaft für aktuarielle Beratung mbh. http://www.aktuare.de/index.php/en/press/press-releases/271-interview-zu-cyberrisks.html. Zugegriffen: 30. Juni 2014.

Landeskriminalamt Niedersachsen. 2013. Dunkelfeldstudie – Befragung zu Sicherheit und Kriminalität in Niedersachsen. http://www.lka.niedersachsen.de/forschung/dunkelfeldstudie/dunkelfeldstudie-befragung-zu-sicherheit-und-kriminalitaet-in-niedersachsen-109236.html. Zugegriffen: 30. Juni 2014.

Lesch, Torsten. 2002. *Risk-Management von Risiken aus Nutzung des Internets, Eine ökonomische Analyse unter besonderer Berücksichtigung versicherungstechnischer Aspekte. Hamburger Reihe, Reihe B, Wirtschaftswissenschaft.* Karlsruhe: Verlag Versicherungswirtschaft GmbH.

Leverenz, Kent. 2001. *Rechtliche Aspekte zum Versicherungsgeschäft im Internet. Versicherungsrecht Schriftenreihe 13.* Karlsruhe: Verlag Versicherungswirtschaft GmbH.

Lockton, Inc. 2012. Cyber risks decoded. A report on data risks, the law, risk mitigation and insurance.

Lorenz, Egon, Hrsg. 2011. *Karlsruher Forum 2010: Haftung und Versicherung im IT-Bereich, Versicherungsrecht Schriftenreihe 44.* Karlsruhe: Verlag Versicherungswirtschaft GmbH.

Münch, Peter. 2010. Technisch-organisatorischer Datenschutz, Leitfaden für Praktiker. Datakontext, Verlagsgruppe Hüthig Jehle Rehm GmbH. http://www.datakontext.com/produkt,345,1615,detail,,322.html. Zugegriffen: 30. Juni 2014.

Münchener Rückversicherungs-Gesellschaft. 2012. Knowledge series, technology, engineering and risks. Cyberrisken – Herausforderungen, Strategien und Lösungen für Versicherer. http://www.munichre.com/de/reinsurance/magazine/publications/knowledge-series/technology-engineering-risks/cyberrisks/index.html. Zugegriffen: 30. Juni 2014.

Neugebauer, Raimund, Matthias, Jarke, und Klaus, Thoma. 2014. Strategie und Positionspapier Cyber-Sicherheit 2020: Herausforderungen für die IT-Sicherheitsforschung. http://www.fraunhofer.de/content/dam/zv/de/ueber-fraunhofer/wissenschaftspolitik/Fraunhofer-Strategie-%20und%20Positionspapier%20Cyber-Sicherheit%202020.pdf. Zugegriffen: 30. Juni 2014.

Olson, Parmy. 2012. *Inside Anonymus – Aus dem Innenleben des globalen Cyber-Aufstands.* München: Redline Verlag.

Ponemon Institute LLC. 2012. 3rd annual cost of cyber crime study. http://www.ponemon.org/local/upload/file/2012_US_Cost_of_Cyber_Crime_Study_FINAL6%20.pdf. Zugegriffen: 30. Juni 2014.

PricewaterhouseCoopers AG Wirtschaftsprüfungsgesellschaft (PwC). 2014. Wie steht es um die Informationssicherheit im deutschen Mittelstand? http://www.pwc.de/de/digitale-transformation/bedingt-abwehrbereit_mittelstand-vernachlaessigt-informationssicherheit.jhtml#. Zugegriffen: 30. Juni 2014.

Prognos, A. G. 2013. Die Bedeutung der Versicherungswirtschaft für den Wirtschaftsstandort Deutschland, Auswirkungen auf die ökonomische Aktivität einer modernen Gesellschaft. Studie im Auftrag des Gesamtverbandes der Deutschen Versicherungswirtschaft

e. V. (GDV). http://www.gdv.de/wp-content/uploads/2013/10/GDV_Prognos_Studie_Bedeutung_der_Versicherungswirtschaft_fuer_Deutschland_2013.pdf. Zugegriffen: 30. Juni 2014.

Rinke, Aandreas, Christian, Schwägerl. 2012. *11 Drohende Kriege, Künftige Konflikte um Technologien, Rohstoffe, Territorien und Nahrung*. München: C. Bertelsmann Verlag. http://www.randomhouse.de/Buch/11-drohende-Kriege/Andreas-Rinke/e390788.rhd. Zugegriffen: 30. Juni 2014.

Romeike, Franke. 2000. Cyber Risks – IT-Risiken und Grenzen traditioneller Risikofinanzierungsprodukte. Zeitschrift für Versicherungswesen, Jahrgang 51, Heft 17 vom 01.09.2000, 603–610.

Rudolph, Regina, et al. 2014. Cybercrime – Die unsichtbare Bedrohung. In Versicherungsforen Leipzig Themendossier, 15.04.2014.

Schmidt-Kasparek, Uwe. 2013. Datenschutz – Was bringen Cyber-Versicherungen? impulse-Magazin 04/2013. http://www.impulse.de/management/datenschutz-was-bringen-cyber-versicherungen. Zugegriffen: 30. Juni 2014.

Seitz, Björn, und Sven-Markus, Thiel. 2013. Cyber Liability – virtuell oder real?, Phi, Haftpflicht international – Recht & Versicherung, 02/2013, 42–50. http://www.bld.de/upload/Seitz_Thiel_PHi_2013__42_ff__2386.pdf. Zugegriffen: 30. Juni 2014.

Sievers, Uwe. 2013. Versicherung gegen Hackerangriffe/ BSI: „Der Cyberraum ist ein großes Haifischbecken". http://www.ingenieur.de/Themen/IT-Sicherheit/BSI-Der-Cyberraum-grosses-Haifischbecken. Zugegriffen: 30. Juni 2014.

Steinschaden, Jakob. 2012. *Digitaler Frühling, Wer das Netz hat, hat die Macht?* Wien: Verlag Carl Ueberreuter.

Steria Mummert Consulting AG. 2013. Branchenkompass 2013 Versicherungen. http://www.steria.com/de/fileadmin/assets/sharingOurViews/publications/files/Branchenkompass_Versicherungen_2013_extract_Steria_Mumme.pdf. Zugegriffen: 30. Juni 2014.

Symantec Corporation. 2014. Internet security threat report, vol. 19. http://www.symantec.com/content/en/us/enterprise/other_resources/b-istr_main_report_v19_21291018.en-us.pdf. Zugegriffen: 30. Juni 2014.

Thomann, Christian. 2003. Pool Re: Versicherung von Terrorrisiken in Großbritannien. Versicherungswissenschaft in Hannover, Hannoveraner Reihe. Karlsruhe, Verlag Versicherungswirtschaft GmbH. https://www.vvw.de/details.php?buch=9783899521016&p_id=dc490e1c8b7e539d147baf7c0705b907. Zugegriffen: 30. Juni 2014.

Verlag Versicherungswirtschaft, Karlsruhe. 2002. Der Umgang mit den Risiken im Grenzbereich der Versicherbarkeit, Dokumentation über ein Symposium am 18.–20. Oktober 2001 im Schloß Marbach, Öhningen. Veröffentlichungen der Hamburger Gesellschaft zur Förderung des Versicherungswesens mbH, Hamburg. http://www.hgfv.de/hgfv/pdf/02_pub26.pdf. Zugegriffen: 30. Juni 2014.

Zetlin, Minda. 2013. 5 reasons you should have cyber liability insurance. http://www.inc.com/minda-zetlin/6-reasons-you-should-have-cyber-liability-insurance.html. Zugegriffen: 30. Juni 2014.

Zurich Insurance Group Ltd. 2014. Beyond data breaches: Global interconnetions of cyber risk. http://www.zurich.com/internet/main/SiteCollectionDocuments/insight/risk-nexus-april-2014-en.pdf. Zugegriffen: 30. Juni 2014.